Christoph Türcke

Quote, Rasse, Gender(n)

Christoph Türcke

Quote, Rasse, Gender(n)

Demokratisierung auf Abwegen

zuKlampen!

Eine Vorform des Abschnitts »Quote« erschien unter dem Titel »Lobby-demokratie« in Heft 858 (November 2020) der Zeitschrift Merkur.

www.zuklampen.de

Umschlaggestaltung: Martin Z. Schröder · Berlin
Satz: Germano Wallmann · Gronau · www.geisterwort.de
Druck: CPI – Clausen & Bosse · Leck

ISBN Print 978-3-86674-810-1
ISBN E-Book-Pdf 978-3-86674-914-6
ISBN E-Book-Epub 978-3-86674-913-9

Bibliografische Information der Deutschen Nationalbibliothek
Die Deutsche Nationalbibliothek verzeichnet diese Publikation in der Deutschen Nationalbibliografie; detaillierte bibliografische Daten sind im Internet über <http://dnb.dnb.de> abrufbar.

Inhalt

Einleitung

»Alle Staatsgewalt geht vom Volke aus«, sagt das deutsche Grundgesetz. Doch wer ist dieses »Volk«? Dass ihm Personen jeden Geschlechts, die in einem Land dauerhaft wohnen, ab einem Mindestalter zuzurechnen sind, leidet keinen Zweifel. Aber wann ist das Mindestalter erreicht, was heißt »dauerhaft wohnen« und ab wann trifft Letzteres auch auf Migranten, Flüchtlinge, Asylanten zu? Das ist nach wie vor strittig. Zwar gilt als unhintergehbarer demokratischer Standard, dass das Volk das Parlament wählt und dieses die Regierung, während ein oberstes Gericht darüber wacht, dass Parlament und Regierung verfassungsgemäß handeln. Aber wann hat das Parlament zu viel Befugnisse, so dass die Regierung handlungsunfähig wird, wann zu wenig, so dass sie selbstherrlich walten kann? Wann wacht das oberste Gericht lediglich über die Verfassung, wann beginnt es, sie als Hebel zu nutzen, um selbst politisch einzugreifen? Diese Fragen flammen in jedem Konfliktfall neu auf. Das rechte Maß demokratischer Kontrolle und Ausgewogenheit ist bis heute nicht erreicht.

»Leben wir jetzt in einem aufgeklärten Zeitalter?«, fragte Immanuel Kant 1783 und antwortete: »Nein, aber wohl in einem Zeitalter der Aufklärung.«[1] Entsprechend

1 Immanuel Kant, *Beantwortung der Frage: Was ist Aufklärung?* (1783), Werke (hg. v. Wilhelm Weischedel), Band XI, Suhrkamp, Frankfurt am Main, S. 59.

gilt heute: Wir leben nicht im Zeitalter der Demokratie; günstigstenfalls in einem der Demokratisierung. Die aber ist ständig von Rückschlägen bedroht. Längst wurde von »Postdemokratie«[2] gesprochen: vornehmlich im Hinblick auf die globalen Finanzmärkte, bei denen sogar die vergleichsweise reichen und demokratieaffinen westlichen Staaten dermaßen verschuldet sind, dass ihre Regierungen und Parlamente immer mehr Entscheidungsspielraum verlieren. Durch »Schuldenbremsen« versuchen sie, gegenzusteuern – und sind nun durch die Coronapandemie zu horrenden Neuverschuldungen genötigt, deren Langzeitfolgen für die Finanzierbarkeit von Gesundheits- und Bildungssystem, von Sicherheitskräften und Verkehrsinfrastruktur noch ganz unabsehbar sind. Wenn die privaten Gläubiger dieser Billionensummen den Geldhahn zudrehen oder Börsenrallyes auf Staatsbankrotte anzetteln, dann können die parlamentarischen Entscheidungsprozesse noch so demokratisch angelegt sein; sie laufen leer. Gleichwohl lässt das Wort »Postdemokratie« einen irreführenden nostalgischen Ton mitschwingen, als ob es, ehe sich die Finanzmärkte in den 1970er Jahren auftaten, irgendwo auf dem Globus eine rundum intakte Demokratie gegeben hätte. Genau genommen sind auch die demokratieaffinsten Staaten nie mehr als »Prädemokratien« gewesen – nirgends weiter gekommen, als der kapitalistische Weltmarkt es zuließ.

Vom Weltmarkt ist allerdings fast nur noch in Nachrichten zum Stand der Börsen und der globalen Lieferketten die Rede, kaum mehr im Demokratiediskurs. Den fesseln heute entschieden kleinteiligere Formate, die erst das Internet mit

2 Colin Crouch, *Postdemokratie*, Suhrkamp, Berlin 2008.

sich gebracht hat. Ermöglicht es doch jedem, mit ein paar Klicks ganze Datensätze »ins Netz zu stellen« und sich direkt öffentlich zu artikulieren – vorbei an allen Volksvertretungen, Regierungen, Zeitungen, Rundfunk- und Fernsehenanstalten; vorbei an allen Repräsentanten und Vormündern, die sich für entscheidungsbefugt darüber halten, ob das, was öffentlich artikuliert wird, auch öffentlichkeitswürdig ist. Seither gibt es neue Formen politischer Direktmanifestation. Gern nennt man sie basisdemokratisch; etwa wenn sich Menschen bemerkbar machen und Beachtung verlangen, die in Parteiprogrammen und öffentlichen Diskursen zuvor gar nicht vorkamen; Menschen, die anders sind als die Mehrheit: andere Hautfarben, andere sexuelle Orientierungen, andere Konfessionen, andere kulturelle Gepflogenheiten, andere Bedürfnisse aufgrund von Behinderungen haben. Noch nie konnten sie sich so nachdrücklich und vielfältig öffentlich artikulieren wie zu Internetkonditionen. Doch seit sie das können, gibt es auch einen Unmutsdiskurs darüber, wie wenig sie das können, wie sehr der neue Weg der Direktmanifestation, auf dem nun jeder so ziemlich alles Beliebige »ins Netz stellen« darf, ihre besonderen Belange untergehen lässt. Was nützen ihnen die technischen Mittel zur öffentlichen Direktartikulation, solange sie damit nicht durchdringen, solange ihr Anderssein nicht gebührend respektiert wird, solange Parteien und Parlamente es nicht durch rechtliche Gleichstellungsmaßnahmen schützen, die es »sichtbar« machen?

Wie Coca-Cola einen besonderen Durst nach Coca-Cola erzeugt, so das neue Gleichstellungsmedium einen besonderen Durst nach sichtbarer Gleichstellung. Internetgestützte Basisdemokratie läuft auf eine Politik der

Gleichstellung der gesamten Minderheitenvielfalt hinaus. Sie geht mit einer neuen Utopie schwanger. In dem Maße, wie in Parlamente, Regierungen, Unternehmensleitungen, Gewerkschaften, Aufsichtsräte, Akademien, Polizeidirektionen, Offizierscorps und Börsen eine paritätische Geschlechts- und Minderheitendiversität einzieht, hören Benachteiligung und Ausgrenzung auf, schwindet die binäre patriarchale Weltordnung, wächst die Vielfalt, gleicht sich die Gesellschaft demokratisch aus, entstehen »diskriminierungsfreie Räume«. Was kümmert da noch der Weltmarkt oder der Klimawandel, den der Zwang zum wirtschaftlichen Wachstum vorantreibt? Auch sie werden sich durch Paritätsverhältnisse moderieren lassen, in denen die Andersheit der anderen respektiert und niemand mehr »abgewertet« wird.

Eine geradezu biedermeierliche Utopie in digitalem Gewand, diese diskriminierungsfreie Paritätsdemokratie. Doch wie soll man in einer komplexen Gesellschaft Paritäten feststellen? Man wird leider nicht umhinkommen, sie auszurechnen – sie wohl oder übel gegeneinander aufzurechnen. Spätestens dabei wird es ungemütlich. Soll nur das Quantum der Betroffenen zählen oder auch die Schwere und die zeitliche Länge ihrer Benachteiligung? Jede Berechnung fußt auf Bewertungen, die man auch anders gewichten könnte. Jedes Verfahren der Paritätsermittlung beflügelt den Konkurrenzkampf um Aufmerksamkeit, Einfluss und finanzielle Zuwendung. Unterm Strich stehen dann Prozentzahlen: Quoten. Bei ihnen setzt dieses Büchlein an. Angeblich schaffen sie mehr Gerechtigkeit und festigen das demokratische Fundament der Gesellschaft. Dabei tun sie eher das Gegenteil.

Quote

Gleichstellungsbeauftragte gibt es reichlich. Aber kommt die Gleichstellung der Geschlechter auch gut voran? Daran zweifelt neuerdings sogar eine starke Strömung in der CDU. Eine Bundeskanzlerin, mehrere Ministerinnen, eine Parteivorsitzende – das genügt ihr nicht mehr, zumal nicht gewiss ist, ob mit den ausschließlich männlichen Bewerbern um das Erbe von Angela Merkel das Rad nicht wieder zurückgedreht wird. Erst wenn bis hinunter auf die kommunale Ebene alle Parteifunktionen und -ämter zur Hälfte mit Frauen besetzt sind, könne von durchgesetzter Gleichstellung die Rede sein. Das sagen auch immer mehr einflussreiche Männer in der Partei. Sie freunden sich mit der Fünfzig-Prozent-Frauenquote an. Deren Einführung ist kaum mehr aufzuhalten.

Andere sind da längst weiter. Die rot-rot-grüne Thüringer Landesregierung hat ein Paritätsgesetz erlassen. Es besagt: Bei Landtagswahlen muss jede Partei auf ihren Kandidatenlisten immer abwechselnd einen Mann und eine Frau aufführen (»Reißverschlussprinzip«). Wenn sich nicht genügend Kandidatinnen finden, bleiben die entsprechenden Listenplätze leer. Nur so bekommen die Parteien den nötigen Druck, Frauen gleichzustellen. Prompt hat die AfD gegen dieses Gesetz geklagt. Ganz offen gibt sie zu, nicht genügend Kandidatinnen für die Wahllisten zu haben. Sie sieht sich dadurch benachteiligt und in ihrer Betätigungs- und Programmfreiheit als Partei eingeschränkt. Brisant: Eine männerdominierte Partei, die keinerlei ernsthafte Anstalten macht, ihren Frauenanteil zu erhöhen, reklamiert Chancengleichheit für sich. Und der Thüringer Verfassungsgerichtshof gibt ihr Recht! Parteien seien »frei, das Personal zu bestimmen, mit dem sie zu einer Wahl antreten wollen« – ohne Ansehen des Geschlechts. Auch das Recht, sich zur Wahl zu stellen, dulde keine Kontingentierung von Listenplätzen nach Geschlechterparität.

So urteilte im Juli 2020 ein Gericht aus sieben Männern und zwei Frauen. Die beiden Frauen und ein Mann gaben zwar ein Minderheitsvotum ab. Das Paritätsgesetz habe lediglich »die strukturelle Benachteiligung von Frauen in der Politik« »durch begünstigende Regelungen ausgeglichen«, indem es »die Chancengleichheit von Männern und Frauen fördere, aber nicht ein paritätisch besetztes Parlament garantiere«.[3] So habe es nach wie vor die Verteilung der Direktmandate nach Wählerstimmen vorgesehen, nicht nach Paritätsgesichtspunkten. Doch die Mehrheit von sechs Männern teilte die Sicht der AfD. Deren Thüringer Landesvorsitzender Björn Höcke, der Exponent jenes Partei-»Flügels«, der wegen vielfach aktenkundiger rechtsextremer Programmatik unter Beobachtung des Verfassungsschutzes steht, durfte die Entkräftung eines Gesetzes zur Förderung der Gleichstellung genüsslich als Sieg der Demokratie verbuchen. Wenige Monate später, im Oktober, gab auch in Brandenburg das Landesverfassungsgericht dem Einspruch von NPD und AfD gegen das

3 Stefan Locke, *Freiheit geht vor Reißverschluss*, Frankfurter Allgemeine Zeitung, 16.7.2020, S. 2.

›Reißverschluss‹-Paritätsgesetz statt, das die rot-rot-grüne Mehrheit im Potsdamer Landtag durchgesetzt hatte – mit den gleichen Argumenten. Schließlich wies im Februar 2021 das Bundesverfassungsgericht die Klage einer Gruppe von Frauen ab, die die Gültigkeit der Bundestagswahl 2017 wegen fehlender Paritätsregeln bestritt. In all diesen Gerichten sind Frauen in der Minderheit. Könnte das parteiübergreifende Komplott weißer Männer offensichtlicher sein?

Nicht aus der Perspektive derjenigen, die in flächendeckender paritätischer Besetzung von Funktionen und Posten die Vollendung der Gleichstellung sehen – und das grundsätzliche Dilemma ignorieren, in dem der Begriff der Gleichheit steckt. Dass alle Menschen gleich seien, widerspricht jeglichem Augenschein. Jeder ist anders als die anderen und nur deshalb ein Individuum. Gleichheit gibt es immer nur in bestimmter Hinsicht: etwa des Alters, des Geschlechts, der Sprache, Ethnie, Hautfarbe, Nation, Religion, sozialen Klasse etc. Gleichheit als Menschenrecht ist zwar eine große, nicht wieder preiszugebende Errungenschaft, aber auch bloß eine Hinsicht. Sie besagt: Die Menschen eines Gemeinwesens mögen noch so verschieden sein, was Körperbeschaffenheit, Tätigkeit, Bildung, Einkünfte oder Lebensqualität betrifft. Als seine Bürger »sind sie vor dem Gesetz gleich. Männer und Frauen sind gleichberechtigt. Niemand darf wegen seines Geschlechtes, seiner Abstammung, seiner Rasse, seiner Sprache, seiner Heimat und Herkunft, seines Glaubens, seiner religiösen oder politischen Anschauungen benachteiligt oder bevorzugt werden.«

Wer hätte gedacht, dass es um diese schlichten Worte aus Artikel 3 des deutschen Grundgesetzes (GG) einmal große

Auslegungsdebatten geben würde? Heißt Gleichheit nicht eindeutig gleicher Zugang zu allem, was allen rechtlich zusteht: zu Bildung, Pflege, medizinischer Behandlung, öffentlichen Transport- und Kommunikationsmitteln, zu allen Konsumgütern, Wohnungen, Reisezielen, die man erschwingen kann, zu allen Berufen, für die man geeignet ist, zu allen Parteien, Vereinen, Glaubensgemeinschaften, die verfassungsgemäß sind? Diese kleine Aufzählung zeigt schon, wo der Haken ist. Nicht alle Weltanschauungen sind verfassungsgemäß; nicht alle Menschen sind für alle Tätigkeiten geeignet; nicht alle können alles erschwingen. Der Tochter der alleinerziehenden Verkäuferin und dem Sohn des Rechtsanwaltsehepaars stehen zwar das gleiche Schulsystem und die gleiche Berufswelt offen. Doch nur in den seltensten Fällen werden sie in der Lage sein, ihre rechtlich gleichen Chancen in gleicher Weise zu nutzen. Gleichberechtigung ist nicht schon Gleichstellung. Deswegen sind Gleichstellungsbeauftragte so wichtig, die darüber wachen, dass im Berufsalltag Frauen tatsächlich nicht benachteiligt oder belästigt werden und niemand unter seiner sexuellen Orientierung zu leiden hat. Auch in den Schulen gibt es so etwas wie Gleichstellungsbeauftragte: Förderlehrer, die sich lernschwachen Kindern aus prekären Verhältnissen widmen und deren soziale Benachteiligung so gut wie möglich auszugleichen versuchen.

Doch beim Übergang von der Gleichberechtigung zur Gleichstellung bleibt immer eine Lücke. Nur zum Teil kann sie rechtlich gefüllt werden: etwa durch Gesetze, die Gewalt in Ehe und Partnerschaft, Mobbing in Betrieben und Einrichtungen ahnden oder durch Bestimmungen, die bei Bewerbungen für einen Job im Falle gleicher

Qualifikation die Bewerberin dem Bewerber vorziehen. Letzteres ist bereits grenzwertig. Bezieht sich Artikel 3 GG doch auf Individuen, nicht auf Gruppen. Dass, nachdem Frauen jahrhundertelang benachteiligt waren, nun auch mal einige von ihnen bevorzugt werden sollen, ist zwar ein verständlicher Wunsch. Doch ausgleichende Gerechtigkeit kann nicht in alternativer Rechtsbeugung bestehen. Der Mann, der leer ausgeht, obwohl er nicht minder qualifiziert war als seine Mitbewerberin, hat Anlass, sich wegen seines Geschlechts benachteiligt zu fühlen. Geschickte Auswahlbeauftragte regeln das Problem so, dass sie die ausgewählte Person für die geeignetste erklären. Qualifikation ist ein dehnbarer Begriff.

Es tut sich hier eine Grauzone auf, in der rechtliche Maßnahmen wenig ausrichten. Gleichstellungsbeauftragte können oft Ungleichbehandlung vermindern, selten ganz verhindern und schon gar nicht völlige Gleichstellung durchsetzen. In einem Betriebsklima anzüglicher Redeweisen und scherzenden Augenzwinkerns bekommen sie manche Formen von Mobbing und Ungleichbehandlung gar nicht in einklagbarer Weise zu fassen. Andrerseits tun sie sich und dem Betriebsklima keinen Gefallen, wenn sie jeden Scherz sogleich unter Mobbing- und jedes Kompliment unter Belästigungsverdacht stellen. Gleichstellung zu überwachen hat immer etwas von informellem Balancieren. Und in der Privatsphäre gibt es gar keine Gleichstellungsbeauftragten. Wie soll dort die Doppel- oder Dreifachbelastung von Frauen aufhören, die sich neben ihrem Beruf auch noch um Haushalt und Kinder kümmern müssen, weil ihre Männer dazu nicht bereit sind? Wie soll die Gleichstellung von Frauen gelingen, die vor ihren gewalttätigen Männern in Frauenhäuser fliehen, aber dann doch wieder zu ihnen zurückkehren? Da helfen weder Ordnungsämter noch Gerichtsvollzieher, sondern allenfalls Beratungsstellen, Selbsthilfegruppen, Seelsorger oder Therapeuten – flankiert von einer gründlichen Erziehung zu Umgangsformen, die patriarchale Männlichkeit deheroisieren und als asozial brandmarken. Aber die fällige Emanzipation davon müssen die Betroffenen in ihrem Alltagsverhalten selbst vollziehen. Kein Allgemeines Gleichbehandlungsgesetz (AGG) nimmt ihnen diese langwierige Arbeit ab.

Zwischen Gleichberechtigung und Gleichstellung liegt unumgehbar ein zivilgesellschaftlicher Prozess. Der kommt umso besser voran, je beherzter die Deheroisierung falscher Männlichkeit betrieben wird. Aber er braucht Beharrlichkeit und Geduld – zwei Eigenschaften, die in einer auf Digitalisierung und Beschleunigung fixierten Umgebung ganz uncool sind. Wo sie schwinden, wächst die Neigung, sie durch rechtliche Regelungen zu ersetzen. Ohne verbindliche Frauenquoten wird es nie etwas mit der Gleichstellung, ist dann die Devise. Sie gibt offen zu, dass sie dem zivilgesellschaftlichen Vorankommen an der Basis misstraut. Deshalb setzt sie von vornherein eine Etage höher an: auf der Vorgesetztenebene, bei den Funktions- und Amtsträgern. Deren Zahl soll gleichmäßig zwischen den Geschlechtern verteilt werden. Das Verhältnis zwischen Vorgesetzten und Untergebenen wird dabei gar nicht thematisiert, stattdessen einem Glauben gehuldigt, der in der Wirtschaftstheorie *Trickle down* heißt und besagt: Wo die großen Wirtschaftsunternehmen boomen, da gehe es über kurz oder lang auch ihren Mitarbeitern, ja der ganzen Bevölkerung besser. Der Reichtum

»sickere« nach unten »durch«.[4] Das ist neoliberale Augenwischerei. Der Abstand zwischen Ärmsten und Reichsten wächst drastisch.[5] Doch die Geschlechterparität soll nach *Trickle-down*-Logik funktionieren. Wenn alle Posten in Parteien, Behörden und Aufsichtsräten, im Management und beim Militär gleichmäßig mit Frauen und Männern besetzt werden, werde die Welt zunächst auf Postenebene ausgeglichener. Das »Durchsickern« dieser Gleichstellung zur Basis sei dann nur noch eine Frage der Zeit.

Von ihrer Nähe zur neoliberalen Wirtschaftsdoktrin nimmt die Paritätskampagne, die sich als »linkes« Projekt versteht, keine Notiz. Umso mehr arbeitet sie an der Formalisierung und Verrechtlichung jener zivilgesellschaftlichen Sphäre, deren Stärkung sie propagiert, deren Lebenselixier jedoch gerade das Informelle ist. Diese Sphäre braucht einen Rechtsrahmen, aber einen, der sich dabei bescheidet, ihr den informellen Freiraum zu erhalten. Emanzipation ist ein Reif- und Selbständigwerden, das nur in solchem Freiraum gedeihen kann. Es lässt sich ebenso wenig wie

4 Die Formel stammt von David Stockman, dem Chefberater von Ronald Reagan in Wirtschaftsfragen (https://de.wikipedia.org/w/index.php?title=Trickle-down-Theorie&oldid=208762593).

5 Zwar sind laut Weltbank zwischen 1998 und 2008 die Einkommen der Ärmsten ähnlich stark gestiegen wie die der Reichsten. Nur die der gehobenen Mittelschichten stagnierten. Doch das sind Prozentrechnungen. Wer von zehn Dollar pro Monat leben muss, den führen zehn Prozent mehr nicht aus seiner tiefen Armut. Für Empfänger von Managergehältern hingegen bedeuten zehn Prozent mehr einen monatlichen Zuwachs von fünfstelligen Summen. Der Abstand zwischen Ärmsten und Reichsten vergrößert sich exponentiell, während suggeriert wird, sie profitierten gleichermaßen (cf. Jeremy Lent, *Fortschritt für wen? Kritik an Steven Pinker*, in: Das Argument, Nr. 332, 2019, S. 242 ff.).

moralisches Handeln gesetzlich verordnen. Wo das dennoch versucht wird, lebt das Recht über seine Verhältnisse. Nicht ausgeschlossen, dass es damit erst einmal Erfolg hat. Die Landesregierungen in Thüringen und Brandenburg planen schon eine neue Version des Paritätsgesetzes. Vielleicht haben sie im zweiten Anlauf mehr Glück. Vielleicht folgt ganz Deutschland bald Frankreich, das bereits 1999 den Artikel 1 seiner Verfassung um »den gleichen Zugang von Frauen und Männern zu den Wahlmandaten und auf Wahl beruhenden Ämtern sowie zu den Führungspositionen im beruflichen und sozialen Bereich«[6] ergänzte und so die Benachteiligung der Frauen auf Funktions- und Amtsebene beseitigte, sich aber um all die Benachteiligungen, die untergebenen Frauen und Männern durch den Machtumfang von Führungspositionen entstehen, nicht scherte.

Man muss kein Prophet sein, um vorauszusehen, dass sich das rächen wird. Es gibt Personen, die sich weder dem weiblichen noch dem männlichen Geschlecht zugehörig fühlen und dennoch Geschlechtswesen sind. Bei ihnen im Personenstandsregister unter »Geschlecht« lediglich »keine Angabe« einzutragen, erachtete das Bundesverfassungsgericht als verunglimpfend. Es befand, dass ihnen nach Artikel 3 GG ein eigener Geschlechtsstatus zustehe, und nannte ihn »divers«. Die üblichen öffentlichen Stellenausschreibungen müssen seither ausdrücklich kenntlich machen, dass sie für alle drei Geschlechter gelten: »m/w/d«. Noch ist der Prozentsatz der Diversen verschwindend gering, aber die Zahl derer, die sich geschlechtlich anders fühlen, als sie anatomisch sind, wächst exponentiell. Und welches

6 Zitiert nach Locke, S. 2.

verfassungskonforme Argument könnte Menschen, die sich für divers erklären, von der geschlechtergerechten Posten- und Ämterverteilung ausschließen? Sobald sie eine Beteiligung daran verlangen, ist die Fünfzig-Prozent-Quote dahin. Vielleicht haben sie zunächst noch weit weniger Personal zur Postenbesetzung, als die AfD derzeit über wählbare Frauen verfügt. Dann könnten sie die von ihnen unbesetzten Posten von Personen ihrer Wahl vertreten lassen. Aber ein prozentualer Anteil steht ihnen zu. Um ihn bei sich ständig verändernder Zahl der Diversen gerecht zu berechnen, werden Zahlenspiele unausbleiblich sein. Und da »divers« als Sammelbegriff für einen unbestimmten Plural von Sexualitäten und sexuellen Orientierungen steht (LGBTTI), müssen die darunter Befassten sich ihrerseits auf Anteile einigen, die ihnen davon zustehen.

Die Einbeziehung der Diversen in die Gleichstellungsparität setzt keinen Schlusspunkt. Sie eröffnet vielmehr einen schwer aufhaltbaren Reigen der Diversifizierung. Warum soll nur wegen seines Geschlechtes niemand benachteiligt oder bevorzugt werden? Artikel 3 nennt noch einiges andere: zum Beispiel Abstammung, Herkunft, religiöse und politische Anschauungen. »Der Islam gehört zu Deutschland«, sagte Bundespräsident Wulf und machte damit auf den hohen Anteil muslimischer Mitbürgerinnen und Mitbürger aufmerksam. Der bildet sich in der Zusammensetzung des Parlaments nicht ab. Wie sollen die Belange dieser Bevölkerungsgruppe angemessen berücksichtigt werden, solange ihr nicht eine bestimmte Zahl von Abgeordneten zusteht? Die Abtragung der Schuld, die seit der *Shoah* auf Deutschland lastet, ist ein offiziell erklärtes Grundanliegen deutscher Politik. Wie ernst ist es ihr, solange sie den Juden in Deutschland nicht eine ihrem Bevölkerungsanteil entsprechende Abgeordnetenzahl vorbehält? Viele benachteiligte Gruppen sind damit noch gar nicht genannt: etwa die Personen dunkler Hautfarbe, die bei der Stellen- und Wohnungssuche meistens hintanstehen, umso häufiger aber Objekte anlassloser Polizeikontrollen sind; die vielen Menschen mit Behinderungen, deren Bewegungsfreiheit samt Bildungs-, Bewerbungs- und Beziehungschancen eingeschränkt ist; die vielen Alten, die zur Wahrnehmung ihrer Rechte kaum mehr in der Lage sind. Wie soll ihre strukturelle Benachteiligung enden, solange ihnen keine authentische parlamentarische Stimme, also keine paritätische Volksvertretung durch Betroffene eingeräumt wird?

Es gibt kaum mehr ein Halten, wenn die Pandorabüchse der Gleichstellung durch Paritäten einmal geöffnet ist. Artikel 3 GG wird dann zu etwas, was seinen Urhebern völlig fern lag: ein Brutkasten für Quoten. Mit erheblichen Folgen für die Rolle der Abgeordneten. Diese sind laut Artikel 38 GG »Vertreter des ganzen Volkes«, aber »an Aufträge und Weisungen nicht gebunden und nur ihrem Gewissen unterworfen«. Ist das ein Freibrief für sie, eigene Interessen über den Wählerwillen zu stellen? So war es natürlich nicht gemeint. Aber den Freiraum, das zu tun, eröffnet ihnen Artikel 38 durchaus. In ihr Gewissen kann ja niemand hineinschauen. Doch was wären sie ohne diesen Freiraum? Könnte man sie etwa auf einen lückenlos definierten Wählerwillen vereidigen? Vergebliche Mühe.

Der Wählerwille hört nie auf, ein interpretationsbedürftiges Kräfteparallelogramm von Einzelvoten zu sein. Ohne über einen Gewissensfreiraum zu verfügen, der nie ganz immun gegen Missbrauch ist, können Abgeordnete nicht verantwortlich handeln, sind sie doch nicht nur den Interessen einer bestimmten Wählerklientel verantwortlich, sondern dem Gemeinwesen als Ganzem, das ständig die Abwägung zwischen höheren und niederen, dringlicheren und weniger dringlichen Motiven und Interessen verlangt. Jemanden wählen heißt, ihm dafür Spielraum zu geben – einen Vertrauensvorschuss für ein schwer vorhersehbares Balancieren. Wer diesen Vorschuss nicht geben mag, weil Wahlversprechen fast nie voll erfüllt werden, muss sein Wahlrecht ruhen lassen.

Paritätisch gewählte Abgeordnete sind hingegen in erster Linie Gleichstellungsbeauftragte einer Gruppe. Strukturell ähneln sie Lobbyisten. Das sind Leute, die bei Politikern vorsprechen, um sie für die Belange bestimmter Einrichtungen empfänglich zu machen: meistens für die Geschäftsinteressen von Firmen, gelegentlich auch für die Anliegen von Sozialverbänden, Religionsgemeinschaften etc. Lobbyisten werden dafür bezahlt, dass sie bestimmten Gruppeninteressen in Parlament und Regierung Gehör verschaffen. Paritätsabgeordnete werden dafür gewählt, dass sie bestimmte Gruppeninteressen im Parlament durchsetzen. Der Lobbyismus ist eine informelle Grauzone – gelegentlich eine dunkelgraue Schmuddelecke der Zivilgesellschaft (die ja keineswegs bloß aus emanzipatorischen Bürgerinitiativen besteht). Die Bestellung von Paritätsabgeordneten erfolgt hingegen nach Paragraphen und transparenter Proporzberechnung. Sie läutert den Lobbyismus zum legalen politischen Hauptgeschäft.

»Lobby« ist bekanntlich der Name für den Vorraum zum Parlament. Mit dem Paritätsproporz verschiebt sich die Lobby gewissermaßen in den Parlamentssaal selbst.

Mögen Paritätsabgeordnete auch weiterhin »nur ihrem Gewissen unterworfen« sein, so ist doch ihr Gewissen nun seinerseits bestimmten Gruppenbelangen unterworfen. Der Grad ihres Engagements für die jeweilige Gruppe muss sich dadurch nicht erkennbar ändern. Er zeigt ohnehin nie zuverlässig an, ob ihr Gewissen den Angelpunkt ihrer Eigenverantwortung ausmacht oder nur als das gewissenhafte Ausführungsorgan eines Gruppenauftrags zum Zuge kommt. Dennoch hängt von diesem Unterschied das Gesamtverständnis von Volksvertretung ab. Es ist etwas grundlegend anderes, ob das Gewissen als Ich oder als Über-Ich fungiert. Im zweiten Fall nähern sich die Gruppenbelange, für die jemand gewählt wurde, einem imperativen Mandat an. Sie gewinnen selber den Rang einer Gewissensinstanz, die zwar rechtlich nicht einklagbar ist, jedoch als konstantes moralisches Druckmittel wirkt.

Wir bekommen die Gleichstellung nicht hin, wenn wir sie nicht durch ein rechtlich verbrieftes Quantum von Posten regeln: Das ist das kaum verhohlene Geständnis hinter der Frauenquote – und das Muster aller weiterer Gleichstellungsinitiativen: für *People of Color*, Menschen mit Behinderungen, Muslime oder Juden. Unterstellt wird dabei stets, dass Gleichstellung nur dann funktioniert, wenn direkt Betroffene diese Posten bekleiden, weil nur sie wissen, was es heißt, unter der jeweiligen Benachteiligung zu leiden. Fürsprache ist nur dort authentisch, wo man für seinesgleichen spricht, für eine homogene Gruppe, mit der man Betroffenheit, Erfahrungen und Einstellungen teilt: Das ist der gemeinsame Grundsatz aller Bestrebungen, die heute unter »Identitätspolitik« firmieren. Müssten dann nicht auch Kinder und Gefängnisinsassen in die Gremien, wenn deren Belange authentisch vertreten werden sollen? Fragen dieser Art werden gern ausgeblendet. Sie stören die identitätspolitische Gleichsetzung von Betroffenheit und Kompetenz. Wer nicht zu den Betroffenen gehört, ist nicht legitimiert, sie zu vertreten. Er ist mit ihren Belangen nicht wirklich vertraut, kann sie nur verwalten, nicht teilen, ihnen nur eine Stimme leihen, die nicht ihre ist. Er entwendet ihnen »ihr Ding«.

Hütet euch vor Fremden in der eigenen Gruppe, ist die identitätspolitische Elementarbotschaft – eine xenophobe Engführung des Repräsentationsgedankens.[7] Repräsentation hat stets zwei gegenläufige Tendenzen: das Sprechen *anstelle* von anderen, das sie bevormundet; und das Sprechen *für* andere, das den Belangen derer Nachdruck verleiht, die sich aufgrund ihres Alters, ihrer Konstitution oder sozialen Lage nicht selbst Gehör verschaffen können. Oft verschwimmen diese beiden Tendenzen ineinander. Jedenfalls sind sie nicht keimfrei voneinander trennbar. Auch wer nur für seinesgleichen spricht, spricht dabei immer auch für Individuen, die anders sind als er selbst. Dass etwa die mittelständische Abgeordnete auch für Migrantinnen spricht, nicht nur für mittelständische Frauen, oder ihr körperlich behinderter Kollege nicht nur für körperlich, sondern auch für geistig Behinderte – das wird identitätspolitisch gewöhnlich zwar nicht beanstandet, gelegentlich sogar begrüßt. Aber dass Repräsentation ohne eine Prise Empathie für andere gar nicht möglich ist; dass die Fähigkeit, die Belange anderer empathisch zu den eigenen zu machen, die Signatur von Solidarität ist – das

7 Zum Begriff »Xenophobie« siehe unten, S. 86 ff.

hat in diesem Denkmuster keinen Ort. Empathie ist ihm vornehmlich eine Chiffre für Übergriffigkeit. Deshalb die Gleichsetzung von Betroffenheit und Kompetenz. Jede benachteiligte Gruppe soll ihre Sprecherquote möglichst ganz aus sich selbst rekrutieren. Eine bevormundungsfreie Sprechervielfalt, eine unbegrenzte Diversifizierung der Gleichstellung wird proklamiert, aber durch xenophobe Mentalität, nach der Devise: Vertrauen können wir nur Leuten aus unserm Stall.

Eine neue Form von Clandenken zieht damit ins Parlament ein – auf dem Niveau internetgestützter, hoch mobiler Gruppenbildungsprozesse. Zur Erinnerung: Die historische Vorform des demokratischen Parlaments war die Ständeversammlung aus Klerus, Adel und, mehr geduldet als respektiert, dem dritten Stand der Bürger. Mit der französischen Revolution schwang sich der dritte Stand zum allgemeinen Bürgerstand auf. Klerus und Adel verloren ihren Ständestatus. Sie wurden sozusagen in die Lobby gedrängt. Dort haben sie nicht aufgehört, zugunsten ihrer Interessen auf Abgeordnete einzuwirken – im Verbund mit der neuen bürgerlichen Wirtschaftsmacht, die nicht bloß ein Stand ist, sondern sich als Geschäftsgrundlage des gesellschaftlichen Ganzen etabliert hat. Der moderne Parlamentarismus arbeitet auf dieser Grundlage. Er bekommt ihre Dornen nicht weg: den Dauerzwang zu wirtschaftlichem Wachstum, zur Einsparung von Lohnkosten, zur Massenentlassung von Arbeitskräften, zu untilgbarer Staatsverschuldung. Er bekommt auch die lobbyistische Grauzone an seinen eigenen Rändern nicht weg. Deren Paradigma aber ist die Wirtschaftslobby. Von ihr haben alle weiteren Lobbys gelernt, wie man Druck auf Parlament und Regierung ausübt. Immerhin ist dieser Druck nicht rechtsverbindlich. Die Volksvertreter sind ihm, solange sie »nur ihrem Gewissen unterworfen« sind, nicht ausgeliefert. Sie können ihn zurückweisen, abfedern, für eigene parteipolitische Vorhaben nutzen. Dieser Freiraum schrumpft, wenn sie als Gleichstellungsbeauftragte einer bestimmten Gruppe im Parlament sitzen und damit selbst zu Lobbyisten tendieren.

Das »linke« Projekt der paritätischen Besetzung des Parlaments ist alles andere als subversiv. Es befördert das Vordringen von Wirtschaftszwängen in die politische Sphäre. Der Lobbyismus hört dadurch, dass er durch Paragraphen und Proporzberechnungen verrechtlicht wird, ja nicht auf, ein Abkömmling des Wirtschaftslobbyismus zu sein. Die Vervielfältigung der Gleichstellungsansprüche vervielfältigt die Anzahl von Gruppen, die um Posten und Steuergelder konkurrieren. Und nach dem Wirtschaftsmodell des *Trickle down*, des »Durchsickerns« von Unternehmensgewinnen in die Niederungen der Gesamtbevölkerung, soll auch die Gleichstellung von den Vorgesetzten zur Basis durchsickern.

Absehbar, dass dieses Paritätskonzept weniger die Basisdemokratie vorantreiben als zu einer Lobbydemokratie führen wird, in der das Parlament wie in vorbürgerlicher Zeit wieder nach Proporz zusammengesetzt ist; freilich nicht als Vertretung von Ständen, sondern von vielen mobilen Gruppen, die wie Clans ihre authentischen Sprecher abordnen. Ein hoch bewegliches Hightech-Parlament zeichnet sich ab, das strukturell gleichwohl eher einer archaischen Stammesversammlung als dem aktuellen deutschen Bundestag ähnelt. Dabei wäre es äußerst wünschenswert, wenn mehr Frauen, *People of Color*, Muslime, Juden,

Menschen mit Behinderungen im Parlament säßen. Doch wenn die Erhöhung ihrer Zahl durch Proporzgesetzgebung verordnet wird, verfängt sich die Demokratie in einer selbst gestellten Falle und wird ihren Gegnern zur leichten Beute.

Rasse

Neun Minuten lang drückte ein weißer Polizist sein Knie auf den Hals eines schwarzen Amerikaners. Dann war dieser erstickt: George Floyd. Augenzeugen hatte es auch früher schon bei Untaten weißer Ordnungskräfte gegen Schwarze gegeben. Aber diesmal war der ganze Vorgang per Smartphone gefilmt und das Video sogleich ins Internet gestellt worden. Gegen bloß verbale Beschuldigungen bleibt die Polizei (nicht nur in den USA) zumeist immun. Sie hat große Routine darin, gesetzeswidrige Übergriffe aus ihren Reihen abzustreiten, Zeugenaussagen durch Gegenaussagen zu neutralisieren, Beschuldiger ihrerseits mit Verleumdungsklagen zu überziehen und Ermittlungsverfahren gegen ihre Leute im Sande verlaufen zu lassen. Das kommt daher, dass sie von Berufs wegen einen besonderen Rückhalt in der Justiz hat. Sie ist deren Exekutivorgan. Die Justiz ist nun einmal zur Durchsetzung des Rechts gegen mutmaßliche Rechtsbrecher gelegentlich auf Handgreiflichkeiten und Schusswaffen der Polizei angewiesen. Deshalb neigt sie strukturell zur Milde gegenüber Polizisten, die in Ausübung ihres Berufs über die Stränge schlagen. Auch derjenige, der Floyd erstickte, wähnte sich durch diese Allianz geschützt. Doch der neuen Smartphone-Öffentlichkeit hielt sie nicht stand. Eine Empörung brach los, in der sich mehreres zugleich Luft verschaffte: der Corona-Lockdown, die durch ihn ausgelösten Firmenzusammenbrüche und Massenentlassungen, die Mangelhaftigkeit sozialer Auffangsysteme, und die Tatsache, dass sich seit der Bürgerrechtsbewegung um Martin Luther King vor einem halben Jahrhundert die Situation der Schwarzen nicht durchgreifend gebessert hat. Sie sind gleichberechtigt, aber nicht gleichgestellt.

Der Polizist, der den Tod von Floyd verursachte, ist knapp ein Jahr nach der Tat in allen Punkten der Anklage für schuldig befunden worden. »We won«, skandierte eine bewegte Menge mit Freudentränen und Hupkonzerten vor dem Gerichtsgebäude. Präsident Biden rief die Familie Floyd an und sagte, »ein riesiger Schritt nach vorne« sei getan.[8] Keine Frage, die Allianz von Justiz und Polizei hat Risse bekommen. Dennoch besteht sie fort. Wie auch anders, solange das Recht gelegentlich gewaltsam durchgesetzt werden muss. Unbeschadet dessen wurde der Name Floyd zum Fanal einer neuen Gleichstellungskampagne, die von den USA aus globale Kreise zog und auch in Europa auf die Fortdauer jener Denk- und Handlungsmuster, die man »rassistisch« nennt, grelles Licht warf. Denkmäler für prominente Europäer, die in Afrika üble Kolonialpolitik betrieben hatten, wurden umgestürzt oder entfernt. Winston Churchills abfällige Äußerungen über Schwarze und Asiaten samt seiner umstrittenen Rolle während der bengalischen Hungersnot im Zweiten Weltkrieg waren plötzlich wieder präsent; sein Londoner Denkmal blieb

8 Majid Sattar, *»Wir können wieder atmen«*, Frankfurter Allgemeine Zeitung, 22.4.2021, S. 3.

stehen, wurde aber beschmiert. In Deutschland kam erneut die Denkmalswürdigkeit von Immanuel Kant angesichts seiner Schriften über Menschenrassen auf den Prüfstand. Und sogar Artikel 3 GG blieb nicht verschont. Da steht ja nicht nur, dass niemand »wegen seines Geschlechtes, seiner Abstammung, [...] seiner Sprache, seiner Heimat und Herkunft, seines Glaubens, seiner religiösen oder politischen Anschauungen benachteiligt oder bevorzugt werden« darf, sondern auch wegen »seiner Rasse«. Dieser Begriff soll dort nun verschwinden. Im März 2021 brachte die Bundesregierung die entsprechende Grundgesetzänderung auf den Weg.

Seit sich herausgestellt hat, dass beim Homo sapiens der Genbestand über alle Hautfarben und Kontinente hinweg nur minimal differiert und genetische Abweichungen zwischen Angehörigen derselben Ethnien größer sein können als zwischen verschiedenen, ist der Begriff der Menschenrasse im engen biogenetischen Sinne von »Unterart« nicht mehr haltbar. Bei Hunden, Katzen, Affen oder Pferden verschiedene Rassen zu unterscheiden, ist biologisch weiterhin vertretbar; bei Menschen nicht. Doch das Wort Rasse ist deutlich älter als die Biogenetik. Als es in der frühen Neuzeit vom französischen *race* ins Englische und Deutsche überging, bedeutete es relativ vage Tier- oder Menschenart. *Race humaine* (englisch: *human race*) war ein anderes Wort für Menschengeschlecht; *race de vipères* die französische Übersetzung jenes Bibelworts, das Martin Luther so drastisch mit »Otterngezücht« wiedergegeben hat: Giftschlangenbrut.[9] Eine besondere Pointe ist

9 *Gennemata echidnon* (Matthäus 23,33).

allerdings, dass das französische *race* und seine italienisch-spanisch-portugiesische Varianten (*razza*, *raza*, *raça*) nicht etwa auf einen lateinischen Terminus zurückgehen, sondern, wie Jacob und Wilhelm Grimm sehr glaubhaft gemacht haben, auf einen altdeutschen: *reiʒa*, was so viel wie Linie, Strich bedeutet.[10] Darin steckt sowohl Genealogisches (die Abstammungslinie) als auch Geographisches (der Landstrich als Wohngebiet einer Population).

Mit Biogenetik hatte das wenig zu tun. *Reiʒa* war ein semantisch unscharfes Wort und ganz phänotypisch ausgerichtet: auf Ähnlichkeiten des Aussehens, des Verhaltens, des Habitats, durch die eine Population identifizierbar und von anderen unterscheidbar wird. Und phänotypisch dachten auch die europäischen Eroberer, die im Fahrwasser von Kolumbus nach Amerika, Afrika und Südostasien vordrangen. Sie stießen dort auf Menschen, die sich von ihnen in Körperbeschaffenheit und Gepflogenheiten derart krass unterschieden, dass ihnen zunächst unklar war: Sind das bloß andere Menschen unserer Art oder eine andere Art Menschen? Diese Anfangsirritation war durchaus nicht abwegig. Es stimmt ja, dass der Homo sapiens als der zweibeinige Dauerläufer unter den Lebewesen sich wie keine andere Art über den ganzen Globus verbreitet und auseinandergelebt hat: zu Populationen von derart verschiedener physischer und kultureller Erscheinung, dass ihre Zugehörigkeit zur gleichen Spezies keineswegs sogleich evident war.

Die Irritation an den Küsten Amerikas war zunächst übrigens beidseitig, obwohl nicht gleichartig. Die Azteken

10 Jacob und Wilhelm Grimm, *Rasse*, in: Deutsches Wörterbuch, Deutscher Taschenbuch Verlag, München 1999, Band 14, Sp. 143.

etwa sahen in dem spanischen Eindringling Hernán Cortéz und seinen Truppen den Gott Quetzalcoátl mit seinem Gefolge wiederkehren, der nach ihren Überlieferungen weiß und bärtig gewesen sein und sich vor langer Zeit nach Osten verzogen haben sollte.[11] Auch die ungeheuren Greueltaten der Cortéz-Truppen brachten sie nicht sogleich von diesem Glauben ab. Indios gruben sogar weiße Gefangene lebend ein, um zu prüfen, ob diese überhaupt sterblich und verweslich seien.[12] Die Spanier wiederum rechneten zur Menschheit nur Populationen, die sie als prinzipiell empfänglich für die christliche Botschaft erachteten. So mussten erst einmal theologische Fachleute anreisen und feststellen, ob die Bewohner Amerikas überhaupt über die Mindestvoraussetzung aller Mission verfügten, nämlich eine spezifisch menschliche Seele. 1537 wurde ihnen eine solche zuerkannt. Eine päpstliche Bulle erklärte sie zu »wirklichen Menschen«[13].

Doch noch zweieinhalb Jahrhunderte später kam der große Weltreisende und Vorkämpfer der Menschenrechte Georg Forster, der Afrika aus eigener Anschauung, nicht nur aus Reiseberichten kannte, zu der Überzeugung, dass »wir die Neger[14] als einen ursprünglich verschiedenen Stamm vom weißen Menschen trennen« müssen. Nicht,

11 Eduardo Galeano, *Die offenen Adern Lateinamerikas*, Peter Hammer Verlag, Wuppertal [11]1985, S. 26.

12 Claude Lévi-Strauss, *Rasse und Geschichte*, in: Detlev Claussen, *Was heißt Rassismus?*, Wissenschaftliche Buchgesellschaft, Darmstadt, 1994, S. 147.

13 Galeano, S. 53.

14 Zu diesem Reizwort, dessen Grundbedeutung einfach bloß »schwarz« ist, siehe unten, S. 55 ff.

um sie herabzusetzen; eher, um sie zu schützen. Hat »der Gedanke, daß Schwarze unsere Brüder sind, schon irgendwo ein einzigesmal die aufgehobene Peitsche des Sklaventreibers sinken« lassen? Gibt es etwas, was »entartete Europäer hindern kann, über ihre weissen Mitmenschen ebenso despotisch wie über Neger zu herrschen?« Forster sah in dem anderen Stamm keinen minderen, lediglich einen kindlicheren, an dem sich die Weißen vergreifen wie ein skrupelloser Erzieher am anvertrauten Zögling, statt »ein Wesen« aus ihm zu machen, »das im Gebrauch aller in ihm gelegten Kräfte glücklich ist«.[15] Dass die anderen ebenfalls »Menschen wie wir« sind, verstand sich weder im Bösen noch im Guten von selbst. Es musste gelernt werden – durch eine Fremdheitserfahrung hindurch, für deren Tiefe uns im Zeitalter globaler telekommunikativer Vernetzung das Sensorium weitgehend verloren gegangen ist.

Diese Fremdheitserfahrung hatte nicht unbeträchtlichen Anteil an der Entstehung neuzeitlicher Anthropologie: der durch methodische Beobachtung geleiteten Neubesinnung darauf, was eigentlich den Menschen ausmacht. Dazu gehörte auch ein neuer Blick für dessen Säugetiereigenschaften. Säugetierrassen geben, wenn man sie miteinander kreuzt, bestimmte Merkmale ihrer Größe, Gestalt, Haarbeschaffenheit in signifikanter Weise an das Mischlingswesen weiter. Auch bei Mischlingen von autochthonen Europäern, Afrikanern, Amerikanern, Asiaten findet sich zumindest *ein* Merkmal, das beide Eltern ihnen so

15 Georg Forster, *Noch etwas über die Menschenrassen*, in: Ulrich Enzensberger (Hg.), Georg Forster. Weltumsegler und Revolutionär, Wagenbach, Berlin 1979, S. 140.

mitteilen, dass es sofort offensichtlich ist: die Hautfarbe. Es war nicht unsinnig, in ihr das Hauptunterscheidungsmerkmal zwischen Menschen verschiedener Kontinente zu sehen und jedem der vier großen Kontinente (Australien kam damals noch kaum in Betracht) eine bestimmte Hautfarbe zuzuordnen: Europa die weiße, Afrika die schwarze, Asien die gelbe, Amerika die rote. Das ging nicht ohne eine gewisse farbliche Stilisierung, weil kein menschlicher Körper streng monochrom ist, und war dennoch signifikant – mit einer gewissen Orientierungswirkung bis heute. *Colors matter.* Es war ebenfalls nicht unsinnig, unterschiedliche Hautpigmentierung mit unterschiedlichen geographisch-klimatischen Bedingungen in Zusammenhang zu bringen; liegt es doch auf der Hand, dass die Haut als das umfassendste Atmungs- und Wahrnehmungsorgan, das beim Menschen zudem kaum durch Haare geschützt ist, auf jahrtausendelanges Leben in tropischer Umgebung anders reagiert als in arktischer oder mediterraner. Heute drückt man das nur versierter aus. »Hautfarben sind keine Laune der Natur, sondern eine Anpassungsleistung an die Lebensbedingungen vor Ort. Eine dunkle Pigmentierung schützt die Haut vor schädlichen Ultraviolett-Strahlen, eine helle Pigmentierung hilft bei geringer Sonneneinstrahlung, genügend Vitamin D zu bilden.«[16]

Dass sich die Langzeitwirkung unterschiedlicher Umgebungen ebenso in der Hautfarbe wie in Stoffwechsel und Körperbau niederschlägt; dass man die verschiedenen menschlichen Konstitutionen, die sich daraus ergeben, als

16 Hildegard Kaulen, *Eine afrikanische Rasse gibt es nicht*, Frankfurter Allgemeine Zeitung, 25.10.2017, S. N2.

Unterarten, also »Rassen«, interpretierte, war im Zeitalter vor der Genomentschlüsselung eine kaum vermeidliche Konsequenz. Carl von Linné und Antoine de Lamarck zogen sie gleichermaßen, als sie daran gingen, die Vielfalt des Organischen wissenschaftlich zu ordnen. Der Hauptstreitpunkt zwischen ihren Taxonomien war ein anderer. Bleiben Spezies und »Rassen«, wenn sie ihre eigentümliche Konstitution einmal erworben haben, für immer konstant, oder können sie sich, je nach Umweltbedingungen, weiterhin verändern? Der Grad der Veränderlichkeit von Arten und Unterarten ist ein nach wie vor unerledigtes Thema. Aber der Versuch, die Vielfalt menschlicher Erscheinungsformen in den Gesamtzusammenhang der Fauna einzuordnen, war kein Irrweg, und in dem Maße, wie der Rassebegriff dazu diente, die Verschiedenheit menschlicher Populationen zu akzentuieren, war er nicht verwerflich. Unterscheidung vermengt sich oft mit Degradierung. Aber sie *ist nicht* Degradierung. Nur deshalb lässt sich diese Vermengung als Missbrauch kritisieren. Und Missbrauch bedeutet stets: Es gibt auch einen rechtmäßigen Gebrauch (*abusus non tollit usum*).[17]

Insofern war es völlig unverdächtig, als Kant, in den Fußstapfen Linnés, eine *Bestimmung des Begriffs einer Menschenrasse* gab, die lediglich *ein* Argument vorbrachte: »die halbschlächtige Zeugung«. Soll heißen: Wenn etwa

17 Wer das nicht begreift, bringt Entscheidendes durcheinander. Wasser ist stets mit Sauerstoff vermischt: H_2O. Aber Wasserstoff ist nicht Sauerstoff. Materie kommt nirgends ungeformt vor. Aber Materie ist nicht Form. Selbst wenn der Rassebegriff als Unterscheidungskategorie nie anders als mit abwertenden Untertönen eingesetzt worden wäre – es wäre jederzeit anders möglich gewesen. Unterscheiden ist nicht abwerten.

ein Schwarzer und eine Weiße ein Kind zeugen, geben beide ihre Hautfarbe dominant weiter; keine wird von der andern untergebuttert. Die Hautfarbe ihres Kindes ist stets ein gleichrangiges (»halbschlächtiges«) Gemisch der elterlichen Hautfarben. Doch nur bei den vier autochthonen Hautfarben Europas, Afrikas, Amerikas und Asiens erschien Kant diese Gesetzmäßigkeit nachweisbar. Nur sie galten ihm daher als authentische Rassen; nur zu ihrer Vierzahl schien die menschliche Natur disponiert zu sein – »Keime« in sich zu tragen, wie er etwas kryptisch sagt.[18] Die Pointe ist also: Menschenrassen sind durch Gleichrangigkeit ihrer Haut definiert. Nichts da von Hierarchie. Und die Gleichrangigkeit der vier autochthonen Hautfarben erweist sich immer erst nachträglich: in der Mischung mit einer anderen. Erst von der Mischung aus begreift man, was Rassen sind. Es fehlt jeglicher Appell zu ihrer Reinerhaltung.

Und Kants berüchtigte Ausfälle gegen die Indigenen Amerikas und Afrikas, etwa die über die amerikanische »Rasse«, die, »zu schwach für schwere Arbeit, zu gleichgültig für emsige, und unfähig zu aller Kultur [...] noch tief unter dem Neger selbst steht, welcher doch die niedrigste unter allen übrigen Stufen einnimmt«?[19] In der *Bestimmung des Begriffs einer Menschenrasse* sucht man sie vergeblich. Sie stehen in anderen Schriften. Sie kommen nicht aus Kants *Begriff* der Rasse, sondern aus Kants »Gemüt«. Das Gemüt ist in doppelter Hinsicht ein Schwachpunkt bei

18 Immanuel Kant, *Bestimmung des Begriffs einer Menschenrasse*, 1785, Band XI, S. 76 und 74.

19 Immanuel Kant, *Über den Gebrauch teleologischer Prinzipien in der Philosophie*, 1788, Band IX, S. 159 f.

ihm: philosophisch wie persönlich. Es gilt ihm, wie damals üblich, als Sitz der Empfindungen und des Denkens. Aber wo soll es sich befinden? Nicht, wie von den alten Griechen und Juden angenommen, in einem Körperorgan, etwa im Zwerchfell oder im Herzen. Auch nicht im Gehirn. Aber auch nicht jenseits des Körpers. Es wird als körperbasierter, aber unstofflicher Träger der menschlichen Geistestätigkeit vorgestellt. Die reinen Anschauungsformen von Raum und Zeit und die reinen Verstandesbegriffe, die wir nach Kant immer schon mitbringen, um überhaupt wahrnehmen und erkennen zu können: sie sitzen im »Gemüt«.[20] Sie sollen die Qualität des Transzendentalen haben, des immer schon Daseienden, aus nichts anderem Herleitbaren, Unbedingten, und fähig sein, aus diffusen Reizen eine strukturierte Welt zu konstituieren. Aber ohne eine empirische Basisstation im je einzelnen Menschen, von der aus sie agieren können, sieht Kant sie in der Luft hängen. Er verspürt den Drang, das Transzendentale gleichsam zu erden. Es ist wie in der christlichen Legende. Christus trägt die Welt, aber Christophoros trägt Christus.

Das Gemüt ist aber nicht nur der unterbelichtete Christophoros der Kantischen Transzendentalphilosophie, sondern auch die trübe Lagerstätte all dessen, was dem Individuum Kant von Kind auf Hässliches über Menschen anderer Weltgegenden zugetragen wurde. Soziologisch würde man sagen: Es ist der Ort der Einstellungen. Zu denen gehören auch die nach heutiger Terminologie »rassistischen«. Allerdings war Kants Gemüt lernfähig. Nach dem Volksaufstand

20 Immanuel Kant, *Kritik der reinen Vernunft*, 1781 [1787], Band III, S. 69 f., 92, 97 und öfter.

in Haiti, jenem »Sitz der allergrausamsten und ausgedachtesten Sklaverei«, artikulierte er helle Empörung über den Umgang europäischer Eroberer mit den Indigenen in China, Japan und auf den »Zuckerinseln« und forderte ein »Weltbürgerrecht«,[21] ohne daraus freilich die völlige kulturelle Gleichwertigkeit aller »Rassen« abzuleiten. Es bleiben rassistische Ungleichgewichte zurück.

Aber so wenig wie Kants unterbestimmter Begriff des Gemüts die Fülle unhintergehbarer Einsichten disqualifiziert, die seine drei großen *Kritiken* enthalten, so wenig disqualifiziert seine rassistische Einstellung seine *Bestimmung des Begriffs einer Menschenrasse*. Umgekehrt: Der Begriff disqualifiziert die Einstellung. Keines von beiden allerdings wischt das andere einfach weg. Dass Kants Ausfälle gegen Indigene so ausfällig nicht gemeint sein können, weil er ja für alle Menschen das gleiche Vernunftvermögen veranschlage,[22] ist ebenso untriftig wie das Umgekehrte: diese Ausfälle zum Verständnisschlüssel seiner gesamten Vernunftkonzeption machen zu wollen.[23] Sein »Gemüt« von seinen Begriffen zu unterscheiden heißt nicht behaupten, beide hätten nichts miteinander zu tun, sondern eine Spannung erkennen, von der kein hochrangiges Denken ganz frei ist. Dessen Einsichten ragen über die Marotten, Empfindlichkeiten und blinden Flecke des Gemüts, aus dem es hervorging, stets hinaus. Andernfalls wäre es nicht überragend.

21 Immanuel Kant, *Zum ewigen Frieden*, 1795, Band XI, S. 214–216.

22 Cf. Michael Wolff, *Antirassist aus Prinzip*, Frankfurter Allgemeine Zeitung, 30.7.2020, S. 12.

23 Cf. Marina Martinez Mateo, *Prinzip und Problem. Was bedeutet Kants Begriff der Rasse?*, Frankfurter Allgemeine Zeitung, 1.7.2020, S. N3.

Nicht nur Kant selbst genügte seiner *Bestimmung des Begriffs einer Menschenrasse* nicht. Niemand von den weltoffenen Gelehrten seiner Epoche tat das; weder Linné, von dem er das Schema der vier Rassenfarben übernommen hatte, noch Lamarck, Buffon oder Blumenbach. Sie alle erlagen der Versuchung, den europäischen Weißen »gleichrangiger« als die anderen rangieren zu lassen:[24] als das Urmuster der Menschenrassen, die andern drei hingegen bloß als Abzüge davon. Gegen diese Versuchung ließ sich schon deswegen nur schwer aufkommen, weil die Europäer nicht nur durch rohe Muskelkraft zu ihren ungeheuren Siegen und Eroberungen in den anderen Kontinenten gelangt waren, sondern auch dank kultureller Standards, die den dort vorgefundenen Völkern völlig fremd waren. Die kannten weder alphabetische Schrift noch Monotheismus, Buchdruck, Schießpulver und Kompass, konnten weder militärisch noch verwaltungs-, handels- und berechnungstechnisch mithalten und ließen sich mit verblüffend wenig Personalaufwand unterwerfen, verwalten und ausbeuten. Sollte das alles mit kultureller Überlegenheit rein gar nichts zu tun haben? Selbst der über die europäische Brutalität so empörte Forster erachtete die Afrikaner als kindlichen Stamm, die Europäer als Erwachsene und ihre Kolonialverbrechen als eine Art Kindesmissbrauch – eine infame Nutzung ihrer geistigen Überlegenheit, an der er keinen Moment zweifelte. Das war paternalistisch gedacht, aber gegen den Kolonialismus. Es ist nicht haltbar, aber es hatte einen humanen Impuls.

24 Hier hat George Orwells berühmte, auf die Sowjetunion gemünzte Formel »Alle Tiere sind gleich; aber einige Tiere sind gleicher als andere« eine historische Vorform.

Die eigene Kultur als die eigentliche zu nehmen und von ihr aus die Welt zu beurteilen, ist übrigens keine Erfindung der Europäer, sondern eine uralte Verhaltensweise. Man nennt sie ethnozentrisch. Seit ihrer Sesshaftwerdung haben Homo-sapiens-Stämme ihr Leben um eine Kultstätte herum organisiert, die sich zumeist, sei es als Berg, Oase, Talsenke, Höhle etc., von ihrer Umgebung signifikant abhob und sich als abgegrenzter, »heiliger« Erscheinungsort für die höheren Mächte besonders empfahl. Dort versammelte sich das Kollektiv zum Vollzug der konstitutiven Stammesriten. Dort war sein Lebensmittelpunkt, den es vom Weltmittelpunkt noch gar nicht zu unterscheiden vermochte. Das konnte kaum anders sein. Vertraut wird man zunächst mit der eigenen Umgebung: mit der Landschaft, den Gestalten, Verhaltens- und Redeweisen, in die man als Kind hineinwächst. Und das vertraute Eigene ist zunächst das Maßstäbliche. Durch seine Raster lernt man die Welt kennen. Am eigenen Clan bilden sich die ersten Vorstellungen von Menschheit; woran sonst? Kaum vermeidbar, dass andere Kollektive nur als Randfiguren der eigenen Welt erschienen – als Unsicherheitsfaktoren, potenzielle Störenfriede oder Bündnispartner, aber stets als die Anderen. Der eigene Stamm war das eigentliche Menschenvolk, ohne dass man zwischen Stamm und Menschheit, Spezies und Modifikationen schon klar unterschieden hätte. Claude Lévi-Strauss hat das scharf pointiert. »Die Menschheit endet an den Grenzen des Stammes, der Sprachgruppen, manchmal sogar des Dorfes, so dass eine große Zahl sogenannter primitiver Völker sich selbst einen Namen gibt, der ›Menschen‹ bedeutet (oder manchmal – mit etwas mehr Zurückhaltung – ›die Guten‹, ›die Hervorragenden, ›die

Vollendeten‹), was gleichzeitig einschließt, dass die anderen Stämme, Gruppen oder Dörfer keinen Anteil an den guten Eigenschaften – oder sogar an der Natur des Menschen haben«.[25]

Die Frage ist, ob es dabei bleibt; ob Clans, Stämme, Ethnien sich lediglich abschotten, oder ob sie »atmen« lernen: fähig werden, über die eigene Selbstbezogenheit hinauszudenken, sich selbst Äußerem anzugleichen und Äußeres ihrem eigenen Stoffwechsel zu assimilieren. Ganz unporös dürften nur die wenigsten von ihnen gewesen sein. Hätten sich im Neolithikum gewisse Stämme nicht von ihren Nachbarn Tierzähmung und Ackerbau, Töpferei und Metallverarbeitung abgeschaut und dabei weiter entwickelt; hätten die Griechen nicht aus den ägyptischen Berechnungstechniken bei Pyramidenbau und Nilbewässerung eine abstrakte Geometrie herausdestilliert, hätten sie nicht die phönizische Konsonantenschrift aufgenommen und dabei zur alphabetischen umgearbeitet: entscheidende Kulturtechniken, die heute zur Elementarschicht der Weltzivilisation gehören, hätten gar nicht um sich greifen können. Ethnozentrismus pur, ohne jede Empfänglichkeit für Andere(s), kommt praktisch kaum vor. Selbst die in Expansion, Verwaltung und Sklavenhaltung so ungemein erfolgreichen Römer fielen über Griechenlands Städte keineswegs nur zerstörerisch her; vielmehr sogen sie die griechischen Kulturstandards, deren Überlegenheit sie spürten, begierig auf. In der Schlussphase der Republik und der Frühphase des Kaisertums war das römische Reich in hohem Maße gräzisiert.

25 Lévi-Strauss, S. 147.

Eurozentrismus ist lediglich globalisierter Ethnozentrismus. Neu daran war weniger seine Struktur als sein Ausmaß. Die Anderen, die an eigenen Maßstäben gemessen wurden, bestanden nun nicht mehr nur aus einigen Populationen; sie machten die gesamte nichteuropäische Weltbevölkerung aus. Als Europäer allgemeine Menschenrechte proklamierten, so hatte das zunächst, wie in der Französischen Revolution, Protestcharakter gegen die Vorrechte von Adel und Klerus. Als Europäer diese Menschenrechte auf ihre Reisen in andere Kontinente mitnahmen, geschah das wohl oder übel mit dem Überlegenheitsgestus: Ihr kennt so etwas nicht; aber wir bringen es euch; wir beziehen euch in die Menschheit ein; wir erklären euch für gleichrangig. Womit die Gleichrangigkeit durch die Art ihrer Darbietung auch schon wieder getrübt war. Aber das spricht nicht gegen die Gleichrangigkeit, genauso wie es nicht gegen allgemeine Menschenrechte spricht, dass ihre französischen und US-amerikanischen Protagonisten Frauen von der Gleichbehandlung ausschlossen und gelegentlich sogar schwarze Sklaven hielten. Auf dieser Linie liegen auch Kants Ausfälle gegen Indigene. Sie diskreditieren seine *Bestimmung des Begriffs einer Menschenrasse* nicht im Mindesten. Im Gegenteil: Diese Bestimmung ist ein schlagendes Beispiel dafür, dass »Rasse« als Unterscheidungskategorie zwischen menschlichen Populationen verschiedener Hautfarbe und Konstitution so fungieren kann, dass keine von ihnen »bevorzugt oder benachteiligt« wird. Genau in diesem Sinn hat Artikel 3 GG dieses Wort aufgenommen. Bevorzugung oder Benachteiligung von Menschenrassen: für diesen Missstand wurde der Begriff »Rassismus«

eingeführt.[26] Er setzte die Existenz solcher Rassen selbstverständlich voraus.

Rassismus

Wie aber, wenn es bei Menschen gar keine Rassen gibt? Dann können auch keine bevorzugt oder benachteiligt werden. Das Wort »Rassismus« verliert seinen Gegenstand und damit nicht minder seine Berechtigung als das Wort »Rasse« selbst. Wenn schon, dann müssten *beide* gestrichen werden, wie es vielenorts bereits dem Wort »Neger« widerfuhr, das zwar lediglich das lateinische Lehnwort für »schwarz«, semantisch also völlig arglos ist, sich aber derart reflexartig mit seinem routinemäßigen Missbrauch assoziiert hat (wie beim Pawlow'schen Hund die Futterdarreichung mit dem Glockenton), dass man es aus Respekt gegenüber denen, die von diesem Missbrauch traumatisiert wurden, möglichst umgeht. Es weiterhin als Direktbezeichnung oder gar Anrede von Menschen schwarzer Hautfarbe zu verwenden, als wäre es unberührt von seiner Verwendungsgeschichte geblieben, ist schlechterdings ungehörig. Doch Ungehöriges ist nicht nur zu vermeiden, sondern auch anzuprangern; und anprangern kann man nichts, ohne es auch zu benennen. Das Besondere an Worten aber ist: Sie benennen nicht nur Sachverhalte, sondern können ihrerseits benannt werden. Sie sind nicht auf einen einzigen Gebrauch vereidigt. Man kann sie

26 Von Théophile Simar in seiner *Étude critique sur la formation de la doctrine des races,* Bruxelles 1922.

auch anders gebrauchen, ja sie gelegentlich sogar gegen sich selbst wenden. Ihr Gebrauch kann bösartig sein, aber auch Bösartigkeit brandmarken. Ihnen diesen Spielraum nehmen und sie auf platte Eindeutigkeit herunterbringen zu wollen, heißt Sprache vergewaltigen und ihre Geschichtlichkeit ignorieren.

So gewiss sich die Verwendungsgeschichte bestimmter Wörter in ihren Bedeutungsgehalt einfrisst, so sehr gehört zur Wahrnehmung von Sprachgeschichte auch ein Gespür für unterschiedliche Missbrauchsgrade. Das Wort »Neger« war nicht schon immer und überall mit der gleichen Verachtung und Häme aufgeladen, den es für die meisten heutigen Ohren hat. Es aus historischen Dokumenten – Reiseberichten, Traktaten, Märchen, Theaterstücken, Opern etc. – zu tilgen und durch angeblich ideologiefreie wie »farbige Menschen« zu ersetzen, ist geschichtsignorant. Noch in den 1940er Jahren notierte der Emigrant Theodor W. Adorno in den USA: »Attestiert man dem Neger, er sei genau wie der Weiße, während er es doch nicht ist, so tut man ihm insgeheim schon wieder Unrecht an. Man demütigt ihn freundschaftlich durch einen Maßstab, hinter dem er unter dem Druck der Systeme notwendig zurückbleiben muß, und dem zu genügen überdies ein fragwürdiges Verdienst wäre.« Der typisierende Singular – »der« Neger, »der« Weiße – ist sogleich als Sprechweise eines Weißen der ersten Jahrhunderthälfte kenntlich, und doch ist sie durchdringend selbstkritisch, wertet Schwarze nicht im Geringsten ab und praktiziert in bestem Sinne *critical whiteness*: nicht, indem sie Weißen ihr Weißsein vorhält, sondern indem sie den *melting pot* der USA als »eine Einrichtung des losgelassenen

Industriekapitalismus« begreift.[27] Letzteren haben zwar Weiße entfesselt. Aber seine Zwänge sind nicht auf Weißsein reduzierbar. Sie bilden vielmehr ein Kraftfeld, in dem die Gleichheitsparole sich als ständiger Anpassungsdruck auf Menschen aller Hautfarben konkretisiert – auch wenn nicht auf alle in gleichem Maße. Lächerlich, diesen Passus durch Eliminierung des »N-Wortes« humanisieren zu wollen. Der Glaube, es gebe an sich böse Worte, die auszumerzen, und an sich gute, die zu pflegen seien, ist Sprachprimitivismus. Er macht Sprache platt; er reinigt sie nicht.

Sprache ist nie ganz rein. Schon einfachste Substantive wie Mama, Papa, Stuhl, Tisch oder Bett sind nicht völlig unschuldig. Sie funktionieren begrifflich, umfassen weit mehr als dieses besondere Individuum oder Ding, als dessen Benennung das Kind sie lernt, nämlich alle erdenklichen Mamas, Stühle etc.; sie drücken meine Mama, meinen Kinderstuhl in ein abstraktes Schema, sehen von zahllosen ihrer Details ab und werden ihrer Einzigartigkeit nicht entfernt gerecht. Sie subsumieren sie. In gewisser Weise ist das abwertend. Aber es ist nicht zu umgehen. Ohne Subsumtion keine Begriffe; ohne Begriffe kein menschliches Denken. Zum andern gibt es auch keine an sich unmenschlichen Substantive. Das Wort »Mord« *ist* nicht die Mordtat; es bezeichnet sie lediglich. Aufforderungscharakter und damit mörderische Wirkung bekommt es erst durch hinzutretende bejahende Worte, die an sich ebenfalls nicht böse sind, sondern es erst in bestimmter Konstellation und Situation werden. Soll man deswegen von Mord nicht

27 Theodor W. Adorno, *Minima Moralia*, § 66, 1951, Suhrkamp, Frankfurt am Main 1976, S. 131.

mehr sprechen? Wie soll man ihn ahnden, wenn man ihn nicht benennen kann?

Auch die pauschale Ächtung von Worten wie »Neger« oder »Mohr« (vom lateinischen *maurus*, dem Nordwestafrikaner, und nicht, wie immer wieder behauptet wird, vom griechischen *moros*, dem Dummling) ist wenig hilfreich. Es war zwar überfällig, bestimmte Süßigkeiten nicht mehr »Mohrenkopf« oder »Negerkuss« zu nennen. Die Verbindung von dunklem Kopf mit süßer Verzehrmasse bewahrt eines der am tiefsten sitzenden Vorurteile gegen Schwarze auf: dass sie latente Kannibalen seien. Ihnen dafür heimzuzahlen, indem man sie selber augenzwinkernd als Naschwerk feilbietet, ist eine infame Umkehrung, die auch dann im »Mohrenkopf« steckt, wenn diejenigen, die lustvoll in ihn hineinbeißen, das gar nicht bemerken. Einen Mohren symbolisch zu verzehren ist allerdings etwas grundlegend anderes als beim Mohren einzukehren. Die »Mohrenapotheke« oder das Gasthaus »Zum Mohren« gehen auf den Heiligen Mauritius zurück, den angeblich aus Ägypten stammenden und die Heilige Lanze tragenden Anführer der Thebäischen Legion, der mit seinen Mannen um das Jahr 280 den Märtyrertod gegen die Übermacht der heidnischen Legionen Roms erlitten haben soll, später bei den Langobarden zum obersten Schutzheiligen aufstieg und gewöhnlich mit dunkler Hautfarbe dargestellt wurde. Mauritius und *maurus* verschwammen dabei ineinander. Wo der heilige Maurus (Mohr) als Schutzherr eines Orts reklamiert wird, ist er eine Respektsfigur – nicht anders als im weihnachtlichen Krippenspiel der schwarze König.

Bekanntlich machte die christliche Legende aus unbestimmt vielen und anonymen »Weisen aus dem Morgenland«[28], denen angeblich ein neuer Stern am Himmel den Weg zur Geburtsstätte Jesu in Bethlehem gewiesen hatte, die »heiligen drei Könige«, die als Vertreter der drei bekannten Erdteile Europa, Asien und Afrika dem neuen Weltherrscher aufwarten gingen. Der schwarze unter ihnen galt genauso als Heiliger wie die beiden weißen. Dem Kind, das ihn beim Krippenspiel darstellt, das Gesicht zu schwärzen, hat nichts Rassistisches.[29] Grundlegend anders ist das beim karnevalesken »Negerkostüm«. Es steht in der Tradition von Theateraufführungen, bei denen weiße Schauspieler zur Ergötzung eines weißen Publikums hämische Parodien Schwarzer darboten. Unterscheidungs- und Urteilskraft ist gefragt. *Blackfacing* pauschal für rassistisch zu erklären ist geschichtsblind.

Worte können tief kränken. Aber nicht jedesmal, wenn jemand angibt, sich gekränkt zu fühlen, ist er auch gekränkt worden. Dazu muss er gewöhnlich direkt in diffamierender Weise angesprochen worden sein. Es gibt aber reichlich Leute, die gern alles, was in ihrer näheren Umgebung stattfindet, unmittelbar auf sich beziehen. Im Sog dieser Neigung ist das öffentlich zur Schau getragene persönliche Beleidigtsein durch die bloßen Namen von Mohrenstraßen, -apotheken, -gasthäusern etc. oder durch Krippenspielaufführungen entweder eine Pose oder ein Stellvertreterleiden, die Grenze zwischen beiden oft fließend. Seelische Stellvertreterleiden aber sind Paradefälle von Hysterie. Denen hilft

28 Matthäus 2,1.

29 Das schließt nicht aus, dass es künstlerische Darstellungen des schwarzen Königs wie die umstrittene Skulptur im Ulmer Münster gibt, die man besser entfernt; siehe Volker Leppin, *»Eine rassistische Zerrfigur«*, Frankfurter Allgemeine Zeitung, 16.10.2020, S. 6.

man nicht, wie nicht nur Psychoanalytiker wissen, durch eilfertige Umbenennung sämtlicher »Mohren«-Lokalitäten sowie durch politisch korrekte Krippenspielveränderungen, sondern durch Vordringen zu den eigentlichen Leidensursachen. Auch heutigen schwarzen Mitbürgern darf man den Lernprozess zumuten, dass die Demütigungen, die sie nach wie vor erleben, mit den altdeutschen Benennungsgepflogenheiten um den Mohren wie um die Krippenspieltradition nichts zu tun haben. Das gehört zu gelingender Akkulturation.

Worthysterie geht zusammen mit ahistorischer Dekontextualisierung und Stillstellung von Sprache. Das ist nicht nur beim N- und M-Wort so, sondern auch beim R-Wort: immer dann, wenn so getan wird, als hätte die Biogenetik das Wort »Rasse« gepachtet, als hätte es nie etwas anderes bedeutet als »Unterart«, als sei es nie anders als in kolonialistischer Absicht verwendet worden. Doch noch im 19. Jahrhundert firmierte *race humaine (human race*) vielfach bloß als Synonym für Menschheit. Und als Karl Marx den Arbeitslohn ein Mittel nannte, »um den Arbeiter in den Stand zu setzen, sein Leben zu fristen und seine Rasse fortzupflanzen«[30], wollte er die Arbeiterklasse weder biologisieren noch diffamieren. Das Wegblenden solcher semantischen Facetten trübt immer auch das Sprachgeschichtsbewusstsein. Dies Bewusstsein kann, je nach den konkreten Umständen, zu durchaus gegenläufigen Schlüssen führen. Mit Grausen sahen Julian Huxley und Alfred C. Haddon bereits im Jahr 1935, worauf die

30 Karl Marx, *Das Elend der Philosophie*, 1847, Marx-Engels-Werke (MEW), Band 4, Dietz, Berlin 1977, S. 83.

nationalsozialistische, biologisch daherkommende Gegenüberstellung einer höherwertigen arischen und einer minderwertigen jüdischen Rasse hinauslaufen würde.[31] Prompt forderten sie die Streichung des Wortes »Rasse« aus dem wissenschaftlichen Vokabular und seine Ersetzung durch »ethnische Gruppe«. Die Autoren des Grundgesetzes von 1949 hingegen bestanden auf der Erwähnung der »Rasse« in Artikel 3; lag doch das Vernichtungswerk, das Deutsche als Kampf gegen »minderwertige Rassen« ausgegeben hatten, erst wenige Jahre zurück. So etwas sollte sich unter keinen Umständen wiederholen. Beide Optionen haben ihr Recht. Nur weil das Grundgesetz das Wort »Rasse« nicht vermied, ist es nicht selbst schon rassenideologisch infiziert. Andrerseits fällt ihm kein Zacken aus der Krone, wenn man das nach strengen humangenetischen Kriterien nicht mehr haltbare Wort »Rasse« aus Artikel 3 streicht, zumal dort die Worte »Herkunft« und »Abstammung« das, was die Grundgesetzautoren mit »Rasse« meinten, schon weitgehend abdecken.[32] Aber dann muss man auch die Konsequenz in Kauf nehmen: Wo keine Rassen, da kein

31 Julian Huxley / Alfred C. Haddon, *We Europeans: A survey of Racial problems*, Cape, London 1935.

32 Umso fauler der Kompromiss, den die Bundesregierung anbietet. Sie getraut sich nicht, das Wort »Rasse« ersatzlos zu streichen, sondern will es durch »aus rassistischen Gründen« ersetzen. Gründe taugen allerdings nur dann etwas, wenn sie in Sachverhalten fundiert sind. Geschlecht, Abstammung, Sprache, Heimat, Herkunft, Glaube, religiöse oder politische Anschauung: dies alles sind Sachverhalte, die eine bestimmte neutrale Haltung verlangen (weder Bevorzugung noch Benachteiligung). Diese Haltung ist in ihnen fundiert. Der Rasse hingegen wird nun der Sachverhaltsstatus abgesprochen. An ihre Stelle sollen »rassistische Gründe« treten, die in keinem erkennbaren Sachverhalt mehr fundiert sind. Sie sind buchstäblich gegenstandslos, scheren aus

Rassismus; da ist nur die Rede von »ethnischer Diffamierung« legitim.[33]

Stattdessen driften beide Worte auseinander. Während »Rasse« als nichtexistent entfallen soll, steigt »Rassismus« zum universalen politischen Kampfbegriff auf, unter den jegliches diffamierende Verhalten gegenüber Menschen fallen soll, die in Körperform, -farbe und -haltung signifikant anders sind als die eigene (vorzugsweise weiße) Population. Die weltweite Empörung nach der Ermordung von Floyd hat diesen Kampfbegriff neu angefacht und deutlich gemacht, wie viel auf dem beschwerlichen Weg der Gleichstellung der Schwarzen noch zu tun ist, zumal in Ländern wie den USA oder Brasilien, wo schwarze Menschen erst einmal viele Generationen lang nie etwas anderes als Sklaven waren, das persönliche Eigentum anderer, das auf eigene Bedürfnisse und einen eigenen Willen gar keinen Anspruch hatte. Die Verwüstungen dieser Enteignungspraxis verschwinden nicht einfach durch Gewährung gleicher Rechte. Ein langwieriger zivilgesellschaftlicher Prozess muss den Blick dafür schärfen, wie die Diffamierung von Schwarzen

der Logik des Artikels 3 GG aus und fungieren lediglich als Gesinnungsduftmarke: ›Wir sind gegen Rassismus‹.

33 Doch wen kümmert das? Alle Welt beklagt »Rassendiskriminierung«, auch wenn es Rassen gar nicht geben soll und *criminatio* Anklage, Beschuldigung heißt, während *discrimen* der Unterscheidungsakt ist, der jemanden von der Beschuldigung *losspricht* – also gerade das Gegenteil von Stigmatisierung. Gerade bei »Rasse« kommt es entscheidend darauf an, unterscheidenden und stigmatisierenden Wortgebrauch auseinanderzuhalten. Aber gerade hier wird »Diskriminierung« (entschuldende Unterscheidung) besonders plump mit »Diffamierung« (*diffamare* = verleumden) gleichgesetzt und diese Verkehrung ins Gegenteil zudem als Muster politisch korrekter Sprechweise dargeboten.

manifest und latent bis in alltägliche Gewohnheiten, Handbewegungen und Redewendungen hineinreicht. »Alltagsrassismus« heißt dieser Missstand neuerdings. In allen sozialen Winkeln und Poren wird er derzeit aufgespürt, in Schulen, Fußballclubs, Parteien, bei der Polizei etc. Je mehr er aber angeprangert wird, je mehr das Wort »Rassismus« umgeht, desto mehr erinnert es an das Wort »Rasse«, das doch gerade aus dem Sprachgebrauch verschwinden soll. Eine weltweite Kampagne gegen Menschenverachtung klammert sich im Modus der Verneinung ausgerechnet an jenes Rassenvokabular, das sie doch als schlechterdings menschenverachtend loswerden will. Was geht da vor?

Verneinung

Hier sind ein paar Worte über Verneinung fällig. Sie ist nicht nur ein grammatisches Phänomen. Sigmund Freud entdeckte in ihr einen elementaren psychischen Mechanismus. Seine Erfahrung war: Wenn Patienten angelegentlich beteuern, ihre soeben gemachte Äußerung sei *nicht* beleidigend gemeint oder die im Traum erschienene Person *nicht* die Mutter gewesen, so ist in der Regel das Verneinte der Fall. Die Verneinung versucht es wegzureden. Sie erweist sich in diesem Fall als eine Verwandte der Verdrängung, jener sonderbaren menschenspezifischen Potenz, welche peinliche innere Regungen unbewusst zu *halten* und kränkende Reize von außen in den Zustand der Unbewusstheit zu *versetzen* vermag – und dabei selbst weitgehend unbewusst agiert, wenn auch dicht an der Bewusstseinsschwelle. Was verdrängt wird, scheint verschwunden. Es ist aber nur das Unbewältigte im seelischen Haushalt, das unter Verschluss Gehaltene, das ständig nach Mitteln und Wegen sucht, um sich zu manifestieren, und dabei immer wieder sporadisch Erfolg hat. Jede Verdrängung ist löchrig. Keine kann vollständig verhindern, dass Verdrängtes wiederkehrt. Und manche Erlebnisse sind so heftig, manche Sachverhalte so offensichtlich, dass sie sich erst gar nicht verdrängen lassen. Sie lassen sich lediglich verneinen. »Die Verneinung ist eine Art, das Verdrängte zur Kenntnis zu nehmen, eigentlich schon eine Aufhebung der Verdrängung, aber freilich keine Annahme des Verdrängten.«[34] Man spürt, man ahnt seine Existenz, aber man will nichts davon wissen. Also leugnet, verurteilt oder ächtet man es.

Verneinend war das Wort »Rassismus« von Anfang an. Zunächst im Sinne des Verbots, Rassen zu diffamieren – unter der selbstverständlichen Voraussetzung, dass welche existieren. Dann kam die biogenetische Verneinung hinzu: der Befund, dass verschiedene menschliche Hautfarben *nicht* von verschiedenen menschlichen Unterarten herrühren. Und schließlich die weltanschauliche Generalbehauptung, dass Rassen schon deswegen nichts Essenzielles sein können, weil es eine Naturessenz gar nicht gibt. Natur ist lediglich eine Konstruktion.

Das Wort »Konstruktion« geht im kultur- und sozialwissenschaftlichen Diskurs ähnlich inflationär um wie das Wort »Rassismus«, ohne dass noch bemerkt wird, woher das lateinische *construere* seinen Namen hat: von *strues*, der »Schicht«, ursprünglich der Holzschicht. Das Verb

34 Sigmund Freud, *Die Verneinung*, Studienausgabe, Band III, Fischer, Frankfurt am Main 1975, S. 373.

struere kommt aus dem Opferkult. Es hieß anfänglich (auf-)schichten, nämlich diverse Holzschichten zu einem (Opfer-)Scheiterhaufen. Bei *construere* tritt ein architektonischer Akzent hinzu: zusammenschichten, zusammenfügen, aufbauen, errichten. *Constructio* ist die geordnete schichtweise Zusammenfügung, vorwiegend von Steinen, *structura* das Aufgeschichtete (Mauerwerk, Bau oder generell Ordnung), *structor* der Maurer oder Architekt. Konstruktion ist nie voraussetzungslos. Sie braucht stets ein Material, aus dem konstruiert wird, und einen Konstrukteur. Das Material kann selbst schon ein Fabrikat und der Konstrukteur ein Roboter sein. Dann konstruiert ein Konstrukt aus konstruierten Materialien ein neues Konstrukt. Aber das ist schon ein hochentwickelter Spezialfall. Die Anfangsmaterialien menschlicher Konstruktion können keine Konstrukte gewesen sein. Die Kieselsteine etwa, denen der Homo rudolfensis vor ca. 2,5 Millionen Jahren mit andern Kieselsteinen die Ecken abschlug, um sie in scharfeckige Stoß- und Schneidewerkzeuge zu verwandeln: sie waren vor ihrer Bearbeitung einfach bloß Natursteine.

Es stimmt zwar, dass wir Naturmaterialien nie so haben, wie sie an sich sind, sondern immer nur vermittelt durch die Filter unserer Wahrnehmung, Vorstellung, Zuordnung und Bearbeitung. Wo etwas in diese Filter gerät, ist es strenggenommen nicht mehr naturbelassen. Doch gäbe es nichts Natürliches, könnte auch nichts gefiltert werden. Wo diese einfache Gegenrechnung ausfällt, da hebt der »radikale Konstruktivismus«[35] an, der im Laufe des globalen Sieges-

35 Ernst von Glasersfeld, *Einführung in den radikalen Konstruktivismus*, in: Paul Watzlawick (Hg.), *Die erfundene Wirklichkeit. Beiträge zum Konstruktivismus*, Piper, München 2006, S. 16 ff.

zugs der Informatik in den Rang eines epistemologischen Paradigmas aufgestiegen ist. Statt Filterung sagt er lieber Konstruktion, denn er ist ganz von Ingenieurskategorien durchdrungen, in denen sich alles Wahrnehmen, Vorstellen, Zuordnen und Handhaben von Dingen oder Ereignissen als ein Konstruieren von Sachverhalten darstellt. Diese technizistische Engführung kann man ihm durchgehen lassen; nicht hingegen, dass er von einer *strues*, einem Stoff der Konstruktion, gar nichts mehr wissen will und ignoriert, dass aus nichts oder nichts Bestimmtem nichts konstruiert werden kann. Der »radikale Konstruktivismus« ist eine philosophische Form Freud'scher Verneinung. Er verneint den Eigensinn des Stoffs, denn der stört ihm sein Selbstbild, das Bild vom Menschen als des souveränen Ingenieurs einer unbegrenzt gestaltbaren Lebenswelt, in der Natur als solche entweder gar nicht vorkommt oder nur als Schatten ihrer selbst: als charakter- und gestaltlose Knetmasse.[36]

Treffen sich zwei Planeten. ›Du siehst krank aus‹, sagt der eine. ›Ja, ich habe Homo sapiens‹, antwortet der andere. ›Sei getrost, das geht vorüber‹, entgegnet der erste. Für diesen Witz ist im Konstruktivismus kein Raum. Dass Natur nicht erst durch unsere Filter existiert, dass sie längst bestand, ehe Menschen ein winziger Teil von ihr wurden und begannen, sie sich zurechtzulegen, und dass das Verschwinden der Menschheit die Sterne wenig kümmern würde: Wer so etwas sagt, ist aus Sicht des radikalen Konstruktivismus bereits ein Essenzialist. Dabei beginnt Essenzialismus erst dort, wo Menschen glauben, sie könnten an

36 Zu Konstruktion und Konstruktivismus siehe ausführlich Christoph Türcke, *Natur und Gender. Kritik eines Machbarkeitswahns*, C. H. Beck, München 2021, S. 13–120.

ihren Perzeptionsfiltern vorbei einen Direktzugang zur Dingwelt, zur Natur gewinnen und aufdecken, was deren Essenz, deren Ansich ausmacht – ihr gewissermaßen ins Herz schauen, das Geheimnis ihrer Existenz lüften. Das können wir natürlich nicht. Aber wir können erschließen, dass es die Natur als solche, auch wenn wir nie einen Direkteinblick in ihr Inneres gewinnen werden, dennoch geben muss, weil ohne sie all unser Konstruieren keinen Stoff hätte. Konstrukte wären Schöpfungen aus Nichts, etwa so, wie sich die Theologie die göttliche Weltschöpfung vorstellt.[37]

Der radikale Konstruktivismus will weder etwas von seiner eigenen Theologienähe wissen noch von der Natur als solcher. Dem Begriff »Rassismus« gibt er damit eine neue Lesart. Rassist ist, wer die Existenz von Menschenrassen einräumt oder Naturphänomene anführt, die diese Existenz zumindest als nicht ganz abwegig erscheinen lassen. Im Zusammenhang mit »Rasse« das Wort »Natur« auch nur zu erwähnen ist wie an blank liegende Nerven rühren.[38]

37 Christoph Türcke, *Natur und Gender,* S. 13 ff.

38 Davon kann ich ein Lied singen. Als ich 1993 auf dem Kongress der Monatszeitschrift *Konkret* über »Die Inflation des Rassismus« sprach, kam es zum Tumult zwischen denen, die auf Abbruch meines Vortrags drangen, und denen, die ihn weiter hören wollten. Ich durfte zu Ende sprechen. Die Diskussionswellen danach schlugen hoch. *Konkret* druckte den Vortrag und ließ ihm ein halbes Jahr lang Stellungnahmen folgen, die mich mit wenigen Ausnahmen des »Rassismus« bezichtigten. Die Zeitschrift musste eine beträchtliche Zahl an Abonnementskündigungen hinnehmen. – Einiges war damals noch nicht absehbar. So war das menschliche Genom noch nicht voll entschlüsselt; der Beweis, dass »Menschenrasse« im engen biologischen Sinn von Unterart keine genetisch haltbare Kategorie ist, noch nicht so

Bloß das nicht. »Rasse« hat als genetisch nicht haltbare Konstruktion, als pures Wahngebilde zu gelten, basta. Und »Rassismus«? Selbstredend als objektive Tatsache, als der real existierende Weltmissstand Nummer eins, nicht bloß als Konstruktion. Oder wollte jemand bestreiten, dass auf dem ganzen Globus Menschen wegen ihrer Hautfarbe und Statur benachteiligt werden?

Zwar sind weltweit auch Behinderte, Arbeitslose, Unterbezahlte benachteiligt, was den Rassismusbegriff aber nicht daran hindert, zum Weltinbegriff von Benachteiligung und Stigmatisierung aufzusteigen. So gilt heutzutage das Euthanasieprogramm der Nazis selbstverständlich als »rassistisch« – als Übertragung des Konzepts »minderwertiger Rassen« auf »lebensunwertes Leben« generell. Dabei könnte man auch umgekehrt argumentieren: dass die Nazis ihr Konzept von Volksgesundheit, das Behinderte als »lebensunwert« erachtete, bei der Verfolgung von Juden, Sinti und Roma etc. auf »minderwertige Rassen« ausdehnten. Doch während Behindertenfeindlichkeit als besonders

erdrückend wie heute. Aber er lag schon vor, und ihn nicht ausdrücklich erwähnt zu haben, war ein Versäumnis meinerseits. Nicht voraussehen hingegen konnte ich, gerade erst von einem zweijährigen Brasilienaufenthalt zurückgekehrt, die aufgebrachte Stimmung in der Linken nach einer Reihe von rechtsextremen Ausschreitungen im wiedervereinigten Deutschland, deren heftigster, der Brandanschlag in Solingen, erst wenige Tage zurück lag. Und niemand konnte voraussehen, wie sehr dieser Kongress die Überbleibsel der deutschen Linken durcheinanderschütteln und deren Auseinanderdriften in eine identitätspolitisch-kulturkritische und eine politökonomische Fraktion vorantreiben würde. Der Tenor meines Vortrags aber war kein anderer als der der hier vorgelegten Schrift, und sein Titel trifft die heutige Situation noch besser als die damalige.

evidentes Beispiel für einen »Rassismus ohne Rassen« firmiert, wagt schwerlich jemand, ethnische Diffamierung als »Behindertenfeindlichkeit ohne Behinderte« einzustufen. Ein Proteststurm wäre ihm sicher. Die Assoziation dunkler Hautfarbe mit Behinderung müssen sich *People of Color* wahrlich nicht gefallen lassen, auch wenn es nur im Verneinungsmodus geschieht. Um so mehr Resonanz findet bei ihnen die nahezu täglich wachsende Inflationierung der Diagnose »Rassismus«. Sie wird gestellt, wann immer aus einer Gruppe etwas Hämisches über andere ertönt. In allen Poren und Winkeln der Gesellschaft wird Rassismus aufgespürt: als kolonialistischer, antisemitischer, antimuslimischer, sexistischer, sensorischer, struktureller, zur Not als Rassismus ohne Rassen.

Schwarze Vernunft

Es ist ein dringend fälliger Nachholprozess, wenn die Ungeheuerlichkeiten an Unterdrückung, Ausbeutung und Mord, die Europäer bei ihrer Eroberung weiter Teile Amerikas, Afrikas, Asiens und schließlich Australiens der autochthonen Bevölkerung angetan haben, in Film, Fernsehen und öffentlicher Debatte immer mehr Raum finden. Raum greift dabei allerdings auch die These, dass sich die gesamte neuzeitliche eurozentrische Gesellschaftsformation nur von der Kategorie »Rassismus« aus überhaupt angemessen verstehen lasse – womit die Erinnerung an das ausgemusterte Wort Rasse und an die Reizwörter für verschiedene Hautfarben allgegenwärtig wird. »Immer daran denken, niemals davon sprechen« ist das latente Motto dahinter.[39] Die Begriffe, die strikt zu umgehen sind, sind diejenigen, um die sich alles dreht: die Ungenannten, die den Diskurs regeln. Das versetzt politisch korrekte Antirassisten, zumal weiße, in sprachliche Dauerverlegenheit. Wie sollen sie überhaupt noch reden, ohne ständig irgendjemandem auf den Schlips zu treten? Schlechterdings unaussprechlich ist für sie das N-Wort (Neger), ähnlich wie für gläubige Juden das J-Wort (Jahwe), der Name Gottes. Um die Formel »schwarze Menschen« (*black people*), also die Übersetzung des lateinischen N-Wortes in die eigene Muttersprache, kommen sie gelegentlich zwar nicht herum, bevorzugen aber, wann immer möglich, die wolkige Rede von »Farbigen« (*People of Color*). Und dass sie die Weißen damit für »farblos« erklären und ihnen einmal mehr eine Sonderstellung einräumen? Das lässt sich dann kaum anders als durch *critical whiteness* kompensieren: durch Buße der Weißen für ihr Weißsein und die Privilegien, die es ihnen jahrhundertelang verschafft hat. Politisch korrekt sprechen heißt für Weiße, ständig im Modus der Verneinung, Verleugnung und Entschuldigung um das herumzuschleichen, was nach wie vor ausschlaggebend ist: Hautfarbe, Herkunft, Abstammung.

People of Color haben den Vorteil, diese Leisetreterei nicht mitmachen zu müssen. Ihnen eröffnet sich, wenn sie unverblümt von »Negern« und »Rasse« sprechen, vielmehr die Chance, dem Eurozentrismus den Spiegel seiner eigenen Unworte vorzuhalten und ihn in jedem Sinn des

39 Diese Formel knüpfte der französische Innenminister Léon Gambetta 1870 an die militärische Niederlage Frankreichs gegen Deutschland, in der festen Überzeugung, der Tag der Revanche werde kommen.

Wortes unmöglich zu machen. Hierzu hat der Kameruner Philosoph und Politikwissenschaftler Achille Mbembe einen exemplarischen Entwurf, eine *Kritik der schwarzen Vernunft* (im Originaltitel *Critique de la raison nègre* [wörtlich: »der Neger-Vernunft«]) vorgelegt. Sie treibt auf den großen historischen Moment hin, wo »die Geschichte und die Dinge sich uns zuwenden und Europa nicht mehr das Gravitationszentrum der Welt« bildet. »Die Welt wird schwarz«[40]. Soll heißen: Die mörderischen Langzeitwirkungen des Eurozentrismus gehen ihrem dunkelsten Tiefpunkt entgegen. Der aber wird auch der epochale Wendepunkt sein, an dem die Kritik dieser Schwärze erst ihre volle Durchschlagskraft gewinnt, weil schwarze Menschen sie mit dem ganzen Nachdruck ihrer ungeheuren Leidenserfahrungen üben.

»Auf den ersten Blick besteht die schwarze Vernunft also aus einer Vielzahl von Stimmen, Aussagen und Diskursen, Kenntnissen, Kommentaren und Sottisen, deren Objekt das Ding oder die Menschen ›afrikanischer Herkunft‹ bilden« (61). Dabei handelt es sich allerdings bloß um das Schwarze in der Vernunft *der Weißen* – sozusagen um das Kontrastmittel, das ihren eurozentrischen Anschauungsformen und Kategorien, ihrem Begriffs-, Urteils- und Schlussvermögen überhaupt erst scharfe Konturen verliehen und dabei zugleich ermöglicht hat, »das westliche Bild des Negers« (63) zu erstellen. Schwarze Menschen kommen nämlich im europäischen Vernunftkonzept zunächst nur als Objekte vor. Erst im 19. Jahrhundert gelang es

40 Achille Mbembe, *Kritik der schwarzen Vernunft*, Suhrkamp, Berlin 2014, S. 11. Weitere Seitenzahlen im Text.

einigen von ihnen, vorzugsweise in Großstädten der USA und der Karibik, sich so weit in europäische Schriftsprachen und Intellektualität einzuüben, dass sie ihrerseits »eine moderne schwarze Vorstellungswelt« (67) zu entwerfen vermochten. Doch diese Vergegenwärtigung der eigenen Herkunft, Überlieferung und Identität vollzog sich weiterhin zu eurozentrischen Konditionen. »Obwohl ihr Autor in der ersten Person und im Modus des sich selbst Besitzenden spricht, ist er doch ein Subjekt, dem weiterhin nachhängt, dass es sich selbst fremd geworden ist«. Er laboriert daran, »dass er diese Absonderung als sein wirkliches Sein erlebt, dass er den hasst, der er ist, und dass er der zu sein versucht, der er nicht ist« (73).

Ohne eine Portion Selbsthass und den bohrenden Wunsch nach Einlass in die verschlossene eurozentrische Dimension konnten Schwarze »das schwarze Bild des Negers« (67) zunächst gar nicht zeichnen. Erst in einer dritten Phase, im 20. Jahrhundert, haben sie gelernt, auch diese Verwicklung ihrer »Negritude« (74) noch zu reflektieren und über sie hinauszuwachsen. Als beispielhaft hierfür nennt Mbembe die Dichter Léopold Senghor und Aimé Césaire, die politischen Aktivisten Frantz Fanon und Nelson Mandela. Für sie alle gilt Césaires Bekenntnis »Neger bin ich, und Neger werde ich bleiben« (290). Aber erst in dem Maße, wie dieses Bekenntnis den Selbsthass abstreift, dem Wunsch nach Einlass in den Eurozentrismus entwächst und zur Selbstbejahung heranreift, wird die schwarze Vernunft ihre Schwärze los und fähig, den Weg zur Menschlichkeit anzutreten. Dieser Aufbruch – Mbembe nennt ihn mehrfach »Exodus« (292) – ist die welthistorische Mission der Schwarzen. »Sie muss uns nach Afrika zurückführen oder uns zumindest bewegen, einen Umweg über Afrika zu machen, diesen Doppelgänger der Welt, von dem man nur weiß, dass seine Zeit kommen wird.« (292) Nun scheint sie kurz bevorzustehen. Die Aura der Naherwartung umweht die *Kritik der schwarzen Vernunft*. Europa ist »nicht mehr das Gravitationszentrum der Welt«, während »die Geschichte und die Dinge sich uns zuwenden« (11).

Nun, Gravitationszentrum ist Europa schon seit Ende des Zweiten Weltkriegs nicht mehr. Deshalb heckten die Vorausschauenden unter seinen führenden Politikern die Europäische Union aus: einen gemeinsamen Wirtschaftsraum, der Europa davor bewahren sollte, im Weltwirtschaftskampf zwischen den neuen Großmächten in Nordamerika und Asien unterzugehen. Das hindert viele Nichteuropäer freilich nicht, sich weiterhin intellektuell an Europa zu orientieren. Mbembes geistige Paten wirkten in Paris. Michel Foucault und Gilles Deleuze zitiert er ausschließlich affirmativ. Deren Version des Konstruktivismus, nämlich der Dekonstruktivismus, gehört zu den unbefragten geistigen Voraussetzungen seiner eigenen afrikanischen Weltsicht.[41] »Rasse« ist für Foucault eine Konstruktion, die unbedingt dekonstruiert gehört: eine besonders infame Erfindung jener großen »Ausschließungsmaschinerie«[42], die, wie er glaubte, Platon in Gang gesetzt habe, als dieser begann, durch argumentierende Rede (griechisch: *logos*) abstrakte, aber hoch aufgeladene Ideen des Schönen,

41 Zu Konstruktivismus und Dekonstruktivismus siehe ausführlich Christoph Türcke, *Natur und Gender*, S. 81 ff.

42 Michel Foucault, *Die Ordnung des Diskurses*, 1972, Fischer Taschenbuch, Frankfurt am Main 1991, S. 17.

Wahren und Guten herauszudestillieren und alles, was ihnen nicht entspricht, als unwahr, ungültig, unrechtmäßig zu verwerfen. Gerade der Logos, der daherkommt, als ginge es ihm um nichts als die Einsicht ins Wahre, habe Maßstäbe und Unterscheidungen eingeführt, mit denen sich bequem ganze Bevölkerungsteile als nicht-ideal, nicht den Normen entsprechend und daher als kriminell, sexuell pervers, krank oder wahnsinnig einordnen und in Gefängnisse, Kliniken, Verwahranstalten stecken lassen. Doch Kriminalität, Perversion, Krankheit und Wahnsinn sind lediglich das, was die herrschende Macht dafür erklärt – pure Konstruktion, sonst nichts. Und am Konstrukt »Rasse« zeigt sich die biopolitische Dimension dieser Ausschließungspraktik. Was bei der Stigmatisierung von Menschen anderer Hautfarbe und Statur bisher lediglich eine gewalttätige Ordnungsmaßnahme war, wird durch Gentechnologie biologisch machbar. In absehbarer Zeit wird das Knowhow da sein, um einigen Gruppen die Optimierung ihres Genbestandes zu ermöglichen, andere davon auszuschließen und so tatsächlich genetisch verschiedene Unterarten des Homo sapiens in die Welt zu setzen: verschiedene Menschenrassen – also das, was unterschiedliche menschliche Ethnien bisher nie waren.

Foucaults umfangreiche Materialstudien kreisten zunächst um Wahnsinn, Kriminalität, Perversion und Krankheit. Erst in seinen letzten Jahren, als ihm die Tragweite der Gentechnologie aufging, verschob sich seine Aufmerksamkeit auch in Richtung »Rassismus« und »Biopolitik«.[43]

43 Siehe Michel Foucault, *Wahnsinn und Gesellschaft*, 1961, Suhrkamp, Frankfurt am Main 1973; derselbe, *Die Geburt der Klinik*, 1963,

Mbembe nimmt diese Verschiebung als Foucaults afrikanisches Vermächtnis wahr, »Rasse« als die einschneidendste aller Ausschlusskategorien, von der aus die Ungeheuerlichkeiten der neuzeitlich-kapitalistischen Welt überhaupt erst ganz offenbar würden. Dabei tappt er in die gleiche Falle wie Foucault. Erhellend waren dessen sozialkritische Analysen vor allem dadurch gewesen, dass sie an einem epochalen historischen Umbruch ansetzten: dem »Scheidungsprozeß von Produzent und Produktionsmittel«[44], der in Mitteleuropa seit dem 15. Jahrhundert zur Auflösung mittelalterlicher Feudalstrukturen geführt hatte. Beträchtliche Teile der Landbevölkerung waren von der Scholle vertrieben, Handwerker von Werkstatt und Handwerkszeug getrennt worden, Adlige vom angestammten Familienbesitz, Ritter von zeitgemäßer Militärausrüstung. Herkömmliche Adels-, Zunft-, Stadt-, Dorf- und Familienstrukturen gingen aus den Fugen. Eine nie gekannte Menge von Entwurzelten streunte umher, ohne noch zu wissen, wo sie geographisch, sozial und mental hingehörte.

Umso empfänglicher wurde sie für abweichendes Verhalten: für berufsmäßigen Diebstahl und Bandenbildung; für ein nach christlichen Kriterien perverses Sexualverhalten; für diffus wuchernde, Rettung versprechende religiöse Wahnideen. Diese Entwurzelten und Desorientierten waren für die sich bildenden Nationalstaaten eine vitale Bedrohung. Sie waren aber auch das Menschenmaterial des sich formierenden neuzeitlichen Arbeitsmarkts. Dieses

Fischer Taschenbuch, Frankfurt am Main 1991; derselbe, *Überwachen und Strafen*, 1975, Suhrkamp, Frankfurt am Main 1976; derselbe, *Die Geburt der Biopolitik*, 2004, Suhrkamp, Frankfurt am Main 2006.

44 Karl Marx, *Das Kapital I*, [2]1872, MEW 23, Berlin 1979, S. 742.

Material musste verwaltet, sortiert und diszipliniert werden, wenn es den neuen Arbeitsformen in Manufakturen und Söldnerheeren zugute kommen sollte. Es musste neu zwischen Arbeitstauglichen und -untauglichen, Realitätstüchtigen und -untüchtigen unterschieden werden. Dazu waren die Kategorien Wahnsinn, Kriminalität, Perversion und Krankheit hilfreich. Sie wurden mit wissenschaftlicher Autorität belehnt. Wer in ihre Raster geriet, verschwand in geschlossenen Anstalten oder Kasernen, wurde dort verwahrt, erzogen, geschliffen, gebrochen, zu Zwangsarbeit getrieben oder für naturwissenschaftlich-medizinische Experimente benutzt, musste Diagnose- und Einweisungspraktiken, Medikationen und Therapien über sich ergehen lassen, die jene spezifisch neuzeitlichen Wahnsinns-, Hysterie- und Kriminalitätsprofile, deren Behandlung sie dienen sollten, zum Teil überhaupt erst hervorbrachten.

Kapitalismus-Genese

Foucault hat diese Maßnahmen transparent gemacht wie niemand zuvor – und doch Entscheidendes durcheinandergebracht, als er für dieses ganze Elend die »Ausschließungsmaschinerie« des abendländischen Logos verantwortlich machte. Dass der neuzeitliche Markt nicht bloß als Gütertauschplatz fungiert, sondern zur umfassenden globalen Vergesellschaftungsinstanz expandiert ist, die die erdrückende Mehrheit der Menschen nötigt, ihre Arbeitskraft feilzubieten, und die gesamte Produktion und Verteilung der Lebensmittel in ihr Kraftfeld gezogen hat – das erklärt sich nicht aus Ausschließungsmechanismen »des

Logos«. Zum einen ist Ausschließen nicht erst ein Spezifikum des platonischen Logos. Kein Gedanke kann gefasst, keine grammatische Regel befolgt, kein Ritual vollzogen werden ohne Ausschließung dessen, was diesen Vollzug stören würde. Ohne Unterscheidungen zwischen erlaubt und verboten, recht und unrecht, wahr und falsch, verständlich und unverständlich kann sich kein menschliches Gemeinwesen bilden. Sie gehören zu den elementaren ethnozentrischen Unvermeidlichkeiten.

Zum andern war der »Scheidungsprozeß von Produzent und Produktionsmittel«, der in einem Zeitraum von etwa zwei Jahrhunderten für die Auflösung der mittelalterlichen Feudalordnung sorgte, überhaupt keine Ausschließungsprozedur »des Logos«, nichts, was einige mächtige Drahtzieher sich ausgedacht und durchgesetzt hätten, sondern etwas, was eine Spannungskonstellation heterogener, über ganz Europa verteilter Beteiligter unbeabsichtigt auslöste, während sie selbst lediglich ihren eigenen Interessen nachgingen.[45] So suchte etwa die von Rom nach Avignon versetzte päpstliche Kurie, sich für diese tiefe Demütigung durch hemmungslose Geldanhäufung, durch schamlosen Verkauf kirchlicher Ämter und Lehen schadlos zu halten, indem sie die Bischöfe zwang, sich bei Amtsantritt hoch zu verschulden und diese Schulden durch gnadenlose Besteuerung der Bevölkerung, die sie dadurch in neue Formen der Armut, des Vagabundierens und Bettelns hineintrieb, zu kompensieren. So verwandelte etwa die Erfindung

45 Die folgenden Absätze sind eine knappe Zusammenfassung der Seiten 178–197 aus Christoph Türcke, *Mehr! Philosophie des Geldes*, C. H. Beck, München 2015

des Schießpulvers die Waffentechnik der ritterlichen Feudalherren in etwas Zurückgebliebenes, nahm ihnen die Fähigkeit, sich aus eigenen Mitteln zeitgemäß militärisch auszustatten, machte sie durch Söldner ersetzbar oder selber zu Söldnern, und motivierte sie, sich für diese Kränkung durch Eintritt ins Geschäftsleben schadlos zu halten: indem sie einen beträchtlichen Teil der bäuerlichen Bevölkerung von ihren Ländereien vertrieben und Ackerland in einträgliche Schafweiden für die Wollproduktion in den Städten verwandelten. Klerus und Feudalherren verfolgten dabei lediglich restaurative Absichten: die Wiederherstellung ihrer alten Ehre. Indem sie das aber mit neuen, eigentlich unter ihrer Würde befindlichen Mitteln taten, aus Ämtern und Lehen Kaufobjekte machten, Grund und Boden in Waren verwandelten, Arbeitskräfte von ihren angestammten Arbeitsbedingungen und Werkzeugen losrissen und eine nicht mehr nur auf große Herrscherhäuser beschränkte Verschuldungskaskade auslösten, die tief bis ins Volk hineinwirkte und deren Verwaltung dem Stand der Kaufleute und Bankiers einen epochalen Aufstieg bescherte, entstand durch ihr Tun die Grundstruktur einer marktförmigen kapitalistischen Gesellschaft, die sie überhaupt nicht intendiert hatten und die sich um Restaurationsbestrebungen alter Mächte wenig scherte.

Diese Grundstruktur musste freilich erst einmal stabilisiert werden, wenn sie funktionsfähige Gemeinwesen gewährleisten sollte, und dazu trugen jene staatlichen und privaten Ordnungsmaßnahmen, deren Analyse Foucaults großes Verdienst ist, viel mehr bei, als von der herkömmlichen kapitalismuskritischen Gesellschaftstheorie bemerkt.

Wahnsinn, Kriminalität, Perversion und Krankheit hatten zwar auch schon vor der Neuzeit als zu bekämpfende Missstände gegolten. Nun aber bekam ihre Bekämpfung einen professionellen Rationalisierungsschub. Die Einrichtung funktionstüchtiger Verwahranstalten und die Entwicklung wissenschaftlicher Behandlungs- und Disziplinierungsmethoden für Menschen mit abweichenden Verhaltensweisen festigten die marktförmige Gesellschaft erheblich. Doch die Festiger einer Gesellschaft sind nicht mit ihrer Eigenstruktur zu verwechseln, genausowenig wie der Haarfestiger mit dem Haar. Ohne besagte Ausschließungs- und Verwahrungsmechanismen wäre die kapitalistische Gesellschaft zwar nicht geworden, was sie ist. Aber diese Mechanismen haben sie nicht konstituiert. Auch die von Max Weber herausgearbeitete protestantisch-calvinistische Kaufmannsethik hat das nicht getan. Sie fand die kapitalistische Grundstruktur bereits vor und trug lediglich zu ihrer Ausgestaltung bei.[46]

Ohne die Eroberung Südamerikas, ohne die Ausbeutung der dortigen Silber- und Goldvorkommen, ohne die Anlage von Zucker-, Kakao- und Kaffee-Monokulturen, ohne die Versklavung von Millionen von Afrikanern und deren Transport zu den südamerikanischen Minen und Plantagen hätte Europa nicht den Geld- und Warenzufluss genossen, den seine neuen Marktstrukturen aufsogen wie ein trockener Schwamm. Während diese Strukturen in Europa aber durch das Losreißen vieler Menschen von ihren angestammten Lebensbedingungen entstanden, während dort die Entwurzelung der Individuen auch deren Freisetzung war, die sie ebenso mittellos machte wie immerhin zu Verfügenden

46 Siehe Türcke, *Mehr!*, S. 198 ff.

über ihre eigene Arbeitskraft, bedeutete Entwurzelung in Afrika vorwiegend Versklavung und Deportation in einen andern Kontinent, wobei nicht zu vergessen ist, dass das Einfangen und Frachtfertig-Machen dieser Unglücklichen zumeist die Tat ihrer schwarzen Stammesgenossen war, für die ihre Häuptlinge von ihren europäischen Auftraggebern Schusswaffen, Luxuswaren und Geld bekamen.[47]

Aber auch hier gilt: Das Wasser erzeugt nicht den Schwamm, der es begierig aufsaugt. Das millionenfache Einfangen, Verfrachten und Verschleißen schwarzer Menschen, das als Inbegriff des Rassismus gilt, hat den Kapitalismus auf furchtbare Weise bewässert, stimuliert, gekräftigt, aber nicht erzeugt. Und wie Foucault schief lag, wenn er den Eindruck erweckte, der Kapitalismus sei lediglich ein Produkt von Ausschließungsprozeduren und Ausschließung ein Produkt »des Logos«, den Platon mit seinen Dualismen von schön und hässlich, recht und unrecht, wahr und falsch allererst in die Welt gesetzt habe, so verstärkt sich diese Schieflage, wenn diese Ausschließungen auf eine einzige hin enggeführt werden: die von schwarzen Menschen aus der Menschheit. Darin aber besteht nach Mbembe die kapitalistische Ursünde, die er im 21. Jahrhundert auf die kapitalistische Weltgesellschaft zurückschlagen sieht. »Zum ersten Mal in der Geschichte der Menschheit verweist der Name Neger nicht mehr nur auf die Lage, in die man die Menschen afrikanischer Herkunft in der Epoche des Frühkapitalismus brachte«.[48] Vielmehr greife eine »tendenzielle Universalisierung der

47 Galeano, S. 97.

48 Mbembe, S. 20. Weitere Seitenzahlen im Text.

conditio nigra« um sich, orientiere sich »am Vorbild der Sklavenlogiken des Fangens und Erbeutens, ebenso wie an den kolonialen Logiken des der Besetzung und Ausbeutung« (18) samt »Zerstückelung der Territorien [...] unter dem Gesetz einer Vielzahl fragmentierter Autoritäten und privater bewaffneter Mächte« (19) und beschwöre die »Möglichkeit einer Verwandlung der Menschen in belebte Dinge, in digitale Daten und Codes« (20) herauf. »Diese neue Fungibilität, diese Löslichkeit, deren Institutionalisierung als neue Daseinsnorm und ihre Generalisierung für den gesamten Planeten meinen wir, wenn wir sagen, *die Welt werde schwarz.*« (21)

Doch zur »neuen Fungibilität« kommt es, mit Verlaub, nicht durch die Ausschließung schwarzer Menschen, sondern durch die mikroelektronische Revolution, die den Computer zum zentralen Kommunikations- und Arbeitsgerät gemacht hat und damit die starren Konturen von Arbeits- und Privatleben ebenso auflöst wie sozialstaatliche Versorgungsstrukturen und staatliche Territorialgrenzen, über die sich die globale digitale Vernetzung zunehmend hinwegsetzt. Zudem werden die flexibilisierten, in den Bann hoch flüchtiger Geldbewegungen eines globalen Finanzmarkts geratenen Kapitalstrukturen keineswegs schwarz, sondern auf intransparente Weise divers. Im Prinzip war es dem Kapital immer schon egal, welchen Geschlechts, welcher Hautfarbe, welcher körperlichen und geistigen Verfassung die Arbeitskraft ist, die es kauft, solange sie nur mehr abwirft, als sie kostet. Schon in der frühen Neuzeit praktizierte es gewinnorientierte Beschäftigungsdiversität. Afrikaner wurden nicht massenweise nach Amerika deportiert, weil sie schwarz waren, sondern weil ihre Arbeitskraft optimal ausbeutbar erschien. Und wenn schon um 1840 »von der halben Million Fabrikarbeiter, die es in England gab, mehr als die Hälfte Frauen«[49] waren, so deshalb, weil sie motorisch geschickter und fügsamer waren als Männer. Es ließ sich mehr aus ihnen herausholen. Es gab damals Protestaktionen »konservativer« Arbeitsloser, die ihre Frauen nach Hause beordern und deren Job selbst ausüben wollten, und es gab »fortschrittliche« Unternehmer, die im Interesse der Lohnkostenersparnis mit Proletarierinnen gegen deren Männer im Bunde waren, während sie ihren eigenen wohl geschmückten Gattinnen keinerlei Berufstätigkeit erlaubten.

Ehe das Kapital ausschließt, schließt es ein. Diejenigen, die es als Sklaven oder zu Hungerlöhnen arbeiten lässt, sind nicht aus der kapitalistischen Gesellschaft ausgeschlossen, sondern nur von ihren Gratifikationen. Gerade dadurch sind sie am meisten in die Marktzwänge eingeschlossen. Sie bekommen sie ganz ungepolstert zu spüren. Ungleichheit produziert der kapitalistische Markt, indem er die Menschen als Warenbesitzer gleich macht und sie nur noch quantitativ unterscheidet, nach Mehr und Weniger, nicht mehr qualitativ, nach freiem oder unfreiem, höherem oder niederem Stand. Auf der Basis der qualitativen Gleichheit aller Marktteilnehmer wurde der Gedanke der politischen Gleichheit aller Mitglieder des Gemeinwesens allererst kreditwürdig und durchsetzungsfähig. Auf ihrer Basis beruht schließlich auch die *Diversity Charta*, die führende Unternehmen im letzten Jahrzehnt weltweit lanciert haben. Ihre

49 Helene Lange, *Die Frauenbewegung in ihren modernen Problemen*, Quelle und Meyer, Leipzig 1908, S. 10.

Unterzeichner versprechen allen Mitarbeitern »Wertschätzung« – unabhängig von »Nationalität, ethnischer Herkunft, Religion oder Weltanschauung, Behinderung, Alter, sexueller Orientierung und Identität«. Selbstverständlich ist das zu begrüßen. Im Iran, in China oder Saudi-Arabien kann man von so etwas nur träumen. Dennoch ist das Motiv dahinter stets mitzunennen: »Wir können wirtschaftlich nur erfolgreich sein, wenn wir die vorhandene Vielfalt erkennen und nutzen«.[50] Und erfolgreich ist, wer die Konkurrenz überflügelt und sich dabei um *deren* Diversität nicht schert.

Black lives matter

Allerdings bewegt sich das Kapital nicht von selbst, sondern nur durch seine Eigentümer und Verwalter, und das waren zunächst ausschließlich weiße Männer mit reichlich ethnischen und sexistischen Ressentiments, die die Drift zur einschließenden, gleichmäßigen Wertschätzung der Bevölkerungsdiversität immer wieder gebremst haben. Während der Zug der Zeit, man könnte auch sagen, die Logik des Kapitals, zur *Diversity Charta* tendiert, gehört das kapitalistische Management immer auch zu den Hintertreibern dieser Tendenz, den »entgegenwirkenden Ursachen«, wie Marx in einem andern Zusammenhang gesagt hat. Und so sind die Afroamerikaner mehr als ein halbes Jahrhundert nach der Bürgerrechtsbewegung, die ihnen gleiche Rechte verschaffte, von sozialer Gleichstellung immer noch weit entfernt. Der Tod von Floyd löste einen

50 https://www.charta-der-vielfalt.de

neuen Empörungsschub darüber aus – und kondensierte sich in einer Farben-Parole: *Black lives matter*. Wer wollte ihr widersprechen? Natürlich zählen Schwarze. Aber in welcher Weise? Genauso wie alle andern? Mehr als andere? Das lässt die Parole bewusst offen. »*Auch* Schwarze zählen«: Das ist ihren Verfechtern zu wenig. Verständlicherweise. Das hätte nämlich den Tenor: Hallo, uns gibt es auch noch. Da wären die Schwarzen sogleich wieder den Weißen nachgeordnet. Aber »*Nur* Schwarze zählen« oder »Schwarze zählen mehr als andere«: Das mag man auch nicht sagen. Damit spräche man sich explizit gegen Gleichheit aus und stellte jegliche Bündnisfähigkeit mit Nicht-Schwarzen in Frage. Daher also das unbestimmte *black lives matter*. Da kann man sich nach Wunsch hinzudenken: nachholende Gerechtigkeit, Wiedergutmachung; den Lichtkegel der Weltöffentlichkeit auf die *black lives* richten; die Welt nunmehr von ihnen aus denken; sie als Pioniere des großen Exodus aus der eurozentrischen Sackgasse begreifen.

So oder so aber besagt *black lives matter*: Das Grundfalsche des Eurozentrismus war nicht, dass er Menschen nach Hautfarben einteilte, sondern dass er das mit falschen Prioritäten tat. Nun müssen die richtigen gesetzt werden. *Rethinking color* ist angesagt: Farbe neu denken. Alles dreht sich dabei um das rechte Verständnis von »schwarzer Vernunft«: *Raison nègre*. Volle Kompetenz für sie haben nur diejenigen, mit deren Hautfarbe sie übereinstimmt. Nur sie dürfen das N-Wort jederzeit aussprechen. Nur ihr Urteil über seine Tragweite zählt voll. Nicht, dass Mbembe bloß eine Retourkutsche fahren und die Höherwertigkeit der Schwarzen gegenüber den Weißen proklamieren möchte. Höher und Niedriger sollen ja gerade aufhören – allerdings erst, wenn die ganze Schwärze der Welt transparent gemacht und so durchgearbeitet worden ist, dass sie den welthistorischen Exodus zur wahren Menschlichkeit eröffnet hat. Den zu initiieren und anzuführen: das sieht Mbembe durchaus als die welthistorische Mission der Schwarzen an. Die Welt von der Tiefe der Wunden aus verstehen, die der Rassismus ihnen geschlagen hat: das vermögen nur sie. Weiße können hier nicht an vorderster Front mitreden, ohne in kolonialistisches Verhalten zurückzufallen – was umgekehrt heißt: Argumentative Selbstevidenz gibt es nicht. Richtige Gedanken werden erst dadurch richtig, dass die Richtigen sie äußern: die am meisten von Rassismus Betroffenen. Volle Urteilskraft, volles Rederecht haben nur sie. Alles andere ist Bevormundung. Das ist eine der Grundüberzeugungen des Postkolonialismus.

»Du mußt die Führung übernehmen«, hieß es bei Bertolt Brecht an die Adresse des Proletariats.[51] Intellektuelle – also Leute wie Brecht selbst – sollten es nicht länger bevormunden und ihm nur noch bei der Befähigung zu seiner welthistorischen Aufgabe behilflich sein. In der *Kritik der schwarzen Vernunft* geht der Führungsanspruch von einer sozialen Klasse auf eine Hautfarbe über. Offenbar kommt es eben doch auf jene verschiedenen Hautfarben an, die früher einmal »Rassenmerkmale« hießen. Es mag ja sein, dass Bantu und Friesen lediglich ethnisch verschieden sind, nicht rassisch; aber sie sind erheblich verschiedener als etwa Friesen und Sachsen, nämlich derart, dass Georg Forster, einer der am wenigsten eurozentrischen

51 Bertolt Brecht, *Lob des Lernens*, in: Die Gedichte von Bertolt Brecht in einem Band, Suhrkamp, Frankfurt am Main 1981, S. 462.

Köpfe seiner Zeit, sich verleiten ließ, in »Negern« und Europäern zwei verschiedene *Spezies*, nicht nur Rassen, zu sehen. Das war falsch, aber nicht abwegig. Ethnische Verschiedenheiten sind nicht alle gleichartig. Es gibt kaum merkliche, aber auch ganz krasse. Wer etwa die zwischen Pygmäen, Aborigenes, Inuit und Friesen allein auf kulturelle Faktoren schiebt, betrügt sich.[52] Früher behalf man sich damit, solche Verschiedenheiten zwar zur selben Spezies zu zählen, aber als unterschiedliche Rassen zu erachten. Das geht nun nicht mehr, ändert aber nichts daran, dass zu den größten Fremdheitspotenzialen zwischen menschlichen Populationen nach wie vor signifikant verschiedene Statur und Hautfarbe gehören. Was tun, wenn man sie nicht mehr »Rassenmerkmale« nennen darf? Es hat sich ein Benennungsvakuum aufgetan. Der konstruktivistisch gewendete Rassismusbegriff sucht es im Modus der Verneinung auszufüllen. Nein, ist seine Botschaft; Fremdheit zwischen Ethnien ist lediglich eine fremdenfeindliche Konstruktion – ohne jede physische Grundlage.

Solcher Konstruktivismus ist alles andere als genuin afrikanisch. Erst recht gilt das von seinem Ableger, dem in Paris ausgeheckten Dekonstruktivismus, in dessen Spuren Mbembe wandelt. Von Foucault und Deleuze hat er die Auffassung übernommen, dass die eurozentrischen Ausschließungsmechanismen im abendländisch-griechischen Logos und seinen binären Unterscheidungsstrukturen wurzeln. Indem er die eurozentrischen Ausschließungen aber auf eine Urausschließung zurückführt, nämlich die von schwarzen Menschen, knüpft er zudem an eine noch

52 Siehe unten den Abschnitt Xenophobie, S. 86 ff.

weitaus ältere abendländische Tradition an, die wie keine andere für das Erleiden von Aus- und Einschließungen sprichwörtlich geworden ist: die jüdische. Die meiste Zeit seiner langen Geschichte lebte das jüdische Volk unter Fremdherrschaft – und hat doch alle seine antiken Beherrscher überlebt. Es gab reichlich Juden, die sich den Assyrern, Babyloniern, Persern, Seleukiden, Römern und all ihren europäischen »Wirtsvölkern« assimilierten – nie aber ein vollständig assimiliertes Judentum. Aimé Césaires »Neger bin ich, und Neger werde ich bleiben« (290) hat seine Entsprechung in dem fast zeitgleichen »Ich bleibe also Jude«[53], mit dem der deutsch-jüdische Philosoph Franz Rosenzweig zum Ausdruck brachte, dass nur das nicht assimilierte, auf seiner eigenen Ethnizität, Religion, Kultur bestehende, nicht im Eurozentrismus aufgehende Judentum die Perspektive einer versöhnten Menschheit offen halte, wie einst dem Propheten Jesaia aus seiner Weigerung heraus, sich den Großmächten in Judas Umgebung zu assimilieren, die Vision vom Umschmieden der Schwerter zu Pflugscharen und vom Zusammenkommen der Völker zu einem Weltfriedensreich erwuchs.[54] An dieses urjüdische Theorem lehnt Mbembe seine Vorstellung von der welthistorischen Mission Afrikas und seine Rede vom »Exodus« der Schwarzen an.[55] Er verwischt lediglich

53 Franz Rosenzweig, *Brief an Rudolf Ehrenberg*, 31.10.1913, Briefe und Tagebücher, Gesammelte Schriften, Band I, Springer, Dordrecht 1979, S. 133.

54 Jesaia 2 und 11.

55 Das ist für sein Verhältnis zum Judentum ungleich aufschlussreicher als seine Kritik an der Besatzungspolitik Israels, die ihm eine Ausladung von der Ruhrtriennale 2020 und das Etikett »antisemitisch«

durch dekonstruktivistische Terminologie – etwa durch die Rede von »der radikalen Differenz, ohne die die Öffnung der Welt unmöglich« (292) sei –, wie sehr er von diesem Seitenstück der abendländischen Tradition, das nie einfach bloß eurozentrisch war, zehrt.

Noch in einer dritten Hinsicht ist sein Ansatz ganz abendländisch. Die mikroelektronischen Bildmaschinen kommen nun einmal aus dem Westen. Sie haben einen Sog ausgelöst, Gleichstellung neu zu interpretieren: als den politischen Prozess, der die Benachteiligten *sichtbar* macht – so lange, bis sie mit den Bevorzugten gleichgezogen haben. Das war kaum zu vermeiden in einer Umgebung, wo Computer zur menschlichen Grundausstattung, gewissermaßen zu den Menschenrechten gezählt werden und Personen ohne diese Geräte, ohne E-Mail-Adresse, Website, Facebook-, Twitter-, Instagram-Account etc. eigentlich gar nicht mehr zur Menschheit gehören. Sie werden schlicht nicht wahrgenommen. Ausschließung geschieht hier sensorisch. »Sein ist Wahrgenommenwerden« (*esse est percipi*): Dieser Slogan war im 18. Jahrhundert wenig erfolgreich. Sein Erfinder, George Berkeley, suchte vergeblich, seine Zeitgenossen davon zu überzeugen, dass menschliche Sinnesorgane die

eintrug – samt einer aufgeregten Debatte in den Feuilletons. Er wirkte dabei vornehmlich als »Katalysator« (Aleida Assmann) für jene innerdeutschen Konflikte, die daran laborieren, dass die drei gängigen Kriterien für »Antisemitisches« in der Kritik an Israel – Delegitimierung, Dämonisierung sowie Messen mit zweierlei Maß – ausgesprochen schematisch und keineswegs so eindeutig sind, wie der Zentralrat der Juden in Deutschland suggeriert. Zudem besagen sie herzlich wenig über spezifisch Jüdisches. Zur Problematik des Begriffs »Antisemitismus« siehe unten, S. 76 ff.

Dingwelt nicht bloß filtern, sondern sie durch Wahrnehmung eigens hervorbringen.[56] Bodenschätze, Fische, Maulwürfe würden dann erst zu existieren beginnen, wenn sie menschlichen Augen sichtbar werden. Im Grunde war Berkeley ein Pionier des radikalen Konstruktivismus; aber die Philosophie seiner Zeit war noch zu klug für ihn. Umso brisanter ist das digitale Nachleben seines Slogans. Wer durch elektronische Telekommunikation nicht wahrgenommen wird, ist sozial gesehen tatsächlich nicht existent. *Esse est percipi*: Das ist im mikroelektronischen Zeitalter zur *Conditio humana* geworden – nicht bloß neutrale Feststellung, sondern sowohl Drohung (wehe, du wirst nicht wahrgenommen) als auch Aufforderung (tue alles, damit du wahrgenommen wirst, sonst bist du nicht[s]).

An sie dockt die aktuelle Gleichstellungs- und Identitätspolitik an, indem sie zur wesentlichen Aufgabe der Demokratie erklärt, die gesellschaftliche Gruppenvielfalt auf gerechte Weise *abzubilden*. In diesem Kontext heißt *black lives matter*: Ein nicht-weißer amerikanischer Präsident, eine nicht-weiße Vizepräsidentschaftskandidatin – sie genügen nicht. Erst wenn bis hinunter auf die kommunale Ebene aller politischen Funktionen und Posten zwischen Schwarzen und Weißen gerecht verteilt sind, kann aus formaljuristischer Gleichberechtigung endlich reale soziale Gleichstellung der Schwarzen werden. Wo immer ihre Anliegen von Weißen vertreten werden, weht noch Kolonialluft, genauso wie es paternalistisch riecht, wenn Männer die Belange von Frauen vertreten. Wo einmal eine Parität für die Geschlechter ins

56 George Berkeley, *Eine Abhandlung über die Prinzipien der menschlichen Erkenntnis*, 1869, Felix Meiner, Hamburg 1979, S. 26.

Parlament eingeführt ist, wird eine weitere Parität für verschiedene Hautfarben nicht lange ausbleiben. Nicht nur, weil das rechtlich kaum zu vermeiden ist. Es wächst auch der soziale Druck, Farben gerecht abzubilden. Zu stark ist der Zwang, sich sichtbar zu machen, Aufsehen zu erregen, um überhaupt berücksichtigt zu werden. Er intensiviert sich mit jeder neuen digitalen Plattform. Je unübersichtlicher das Internet wird, desto existenzieller die Hautfarbe, desto kränkender die Minderung ihrer Sichtbarkeit, desto größer die Empfindlichkeit gegen ihre Herabsetzung. Auch darauf fußt der Aufstieg des Rassismus zum primären Weltmissstand. Er erfolgt internetgestützt. *Esse est percipi.*

Antisemitismus

Wie aber verhält sich dazu der Antisemitismus? Den erregte weniger fremde Hautfarbe als die befremdliche Art und Weise, in der eine bestimmte Bevölkerungsgruppe in die gleichzeitigen Ein- und Ausschlussmechanismen des modernen, die ganze Gesellschaft durchdringenden Marktes verwickelt war. Ausgerechnet dadurch, dass das vormoderne christliche Europa den Juden jahrhundertelang den Zugang zu Grundbesitz, Zünften und politischen Ämtern verwehrt hatte, waren sie in ein marginales Handwerker-, Händler- und Wuchererdasein gedrängt worden, das ihnen im Zeitalter der industriellen Revolution unversehens eine gute Ausgangsbasis für großen Wirtschaftserfolg verschaffte. Dass sie in Bank- und Börsenwesen, Industrie und Presse überproportional reüssierten, hatte ebenso mit ihrer Geübtheit im Handel und im Umgang mit Schrift zu tun wie mit ihrer Fähigkeit, Demütigungen einzustecken und dennoch nicht aufzugeben. So wurden sie im Zuge der Entfesselung allseitiger kapitalistischer Konkurrenz – der Arbeiter um Stellen, der Fabrikanten um Käufer, der Banken um Kunden, der Presse um Leser – in neuer Weise zur gesellschaftlichen Zielscheibe. Die Konkurrenz war wie ein Gespenst, lauerte überall, verbreitete stets Unruhe, blieb als abstraktes strukturelles Prinzip aber ungreifbar. Umso größer das Bedürfnis, sie in einer konkreten Gestalt zu fassen zu bekommen. Und wer schien sie mehr zu verkörpern als die von kleinen umhergeschubsten Schacherern zu versatilen Bankiers, Wirtschafts- und Pressemagnaten Aufgestiegenen? Alle Gewalt, Verunsicherung, Verschuldung, Verarmung, die der kapitalistische Konkurrenzkampf mit sich brachte, schien in ihnen Name und Adresse zu gewinnen. In ihnen konnte man alle Zumutungen des Kapitalismus, unter denen man selbst litt, hassen, ohne die kapitalistische Wirtschaftsweise begreifen zu müssen.

Instruktiv ist das bizarre Zustandekommen des Wortes »Antisemitismus«. Als »Semiten« bezeichnet man eine weit verzweigte vorderasiatische Völkerfamilie, zu der Araber, Akkader, Kanaaniter, Aramäer und ihre Abkömmlinge zählen. Die babylonische Hochkultur etwa, in deren Kraftfeld die aus dem zerstörten Jerusalem deportierten Juden eine demütigende Exilzeit verbrachten, war eine semitische Kultur. Als folgenreichste semitische Kulturleistung darf die Ausbildung einer Konsonantenschrift gelten, die sich bei den Phöniziern schließlich bis an den Rand des Alphabets entwickelte. Die europäische Schriftkultur fußt auf der semitischen, und das Adjektiv »antisemitisch« taucht erstmals in einer orientalistischen

Debatte auf. In einem Aufsatz über »den allgemeinen Charakter der semitischen Völker« hatte Ernest Renan 1859 »den Juden innerhalb der semitischen Rasse eine Art Sonderweg bei der Herausbildung des Monotheismus« zugeschrieben. Moritz Steinschneider, ein hochgelehrter Hebraist, sah darin ein Manöver, die Juden aus der semitischen Völkerfamilie herauszurechnen und als Volk ohne Zugehörigkeit darzustellen. Ihm, der sich als Jude in dieser Familie kulturell tief verwurzelt fühlte, widerstrebte das als »antisemitisch«.[57]

Dieses Adjektiv erfand also ein deutscher Jude – in einem Fachdisput über die Spezifika und Reichweite der semitischen Kultur. Sehr fraglich, wie weit der deutsche Journalist Wilhelm Marr davon wusste, als er 1879 die Juden »orientalische Fremdlinge« einer »semitischen Race« nannte, deren Sieg über die Germanen nur durch einen »Bund der Antisemiten« zu verhindern sei.[58] Für semitische Kultur als solche und deren Bedeutung fürs Abendland interessierte Marr sich nicht im Geringsten. »Semitisch« war ihm nur noch ein leeres Etikett für fremdrassig – »uneuropäisch«. Und er rechnete die Juden nicht etwa aus den Semiten heraus, sondern dampfte umgekehrt alles Semitische auf Jüdisches ein, um so dessen Fremdheit im sich entchristlichenden Europa neu zu akzentuieren: nicht mehr religiös, sondern rassisch. In Linnés Schema von den vier

57 Friedrich Niewöhner, *Reizbare Volksseele. Warum ein Jude den Begriff »antisemitisch« prägte*, in: Frankfurter Allgemeine Zeitung, 21.8.2002, S. N3.

58 Wilhelm Marr, *Der Sieg des Judenthums über das Germanenthum: vom nicht confessionellen Standpunkt aus betrachtet*, Costenoble, Bern 1879.

Kontinenten, auf denen sich vier verschiedene menschliche Hautfarben und Staturen herausgebildet haben, hätten Germanen und Juden einfach bloß als verschiedene Ethnien weißer Rasse rangiert. Nun wurden sie zu eigenen Rassen aufgespreizt, zu den zwei ultimativen gar, zwischen denen sich der Menschheitsendkampf entscheiden sollte. Das war offenkundig paranoid, »Antisemitismus« eine ethnologisch unsinnige Chiffre für rassischen Antijudaismus. Umso bemerkenswerter, dass diese Chiffre, die ein Deutscher in die Welt gesetzt hat, um die Fremdheit der Juden zu brandmarken, hübsch weiterverwendet wird, ja sich im internationalen Sprachgebrauch fest verankert hat. Marrs Wortprägung triumphiert. Palästinensische Gruppen etwa, die Israel das Existenzrecht absprechen, werden »Antisemiten« gescholten, obwohl sie selbst Semiten und lediglich Antijudaisten sind.

Seit der rassische Antijudaismus, der weiterhin beharrlich »Antisemitismus« genannt wird, in Deutschland zur Shoah geführt hat, sind es vor allem bußfertige Deutsche und traumatisierte Juden, denen er als noch schlimmer, noch mehr auf Vernichtung angelegt erscheint als jeglicher Rassismus. Sie reklamieren die Shoah als das schlechterdings unvergleichliche Menschheitsverbrechen. Doch wer sie unvergleichlich nennt, *hat* sie bereits mit andern Genoziden verglichen und als den schrecklichsten von ihnen eingestuft. Es ist dem Begreifen der Shoah nicht zuträglich, sie aus diesem historischen Kontext lösen zu wollen. Schlechterdings Singuläres ist auch schlechterdings unbegreiflich.[59]

59 *Individuum est ineffabile* (Das schlechterdings Einzelne ist unaussprechlich) ist die alte, auf die Scholastik zurückgehende Formel dafür; siehe unten, S. 99.

Andrerseits ist es, wie ein Joker, in verschiedensten Kontexten einsetzbar und instrumentalisierbar.[60] Längst wird mit der dekontextualisierten Shoah vielfältig Politik gemacht. Umso mehr ist darauf zu bestehen, dass es kein Begreifen ohne Vergleichen gibt. Vergleichen ist nicht Gleichsetzen, sondern Herausarbeiten von Gemeinsamkeiten und Unterschieden. Unterschiede stechen nur auf der Folie von Gemeinsamkeiten hervor.

Deshalb ist die Wortverbindung »Rassismus und Antisemitismus« ebenso schief wie die von »Säugetieren und Hunden«. Da wird nebeneinandergestellt, was ineinander ist. Es wird addiert, was subsumiert gehört. Wie Hunde eine besondere Spezies sind, nicht zu verwechseln mit Katzen oder Pferden, und doch Säugetiere wie sie, so ist der sogenannte Antisemitismus ein besonderer Fall eben jener ethnischen Diffamierung, die man Rassismus nennt. Was soll die Stigmatisierung von Juden als mindere Rasse denn sein, wenn nicht das? Zwar ist, was die europäisierte Mehrheitsgesellschaft an Juden stört, nicht, wie bei den Schwarzen, die Hautfarbe samt vermeintlicher Kulturlosigkeit und Wildheit, sondern ein schwer greifbares, vermutetes oder wirkliches Nicht-vollständig-assimiliert-Sein einer alten Hochkultur, die zum Fundament des christlichen Europas gehört und sich dennoch nie ganz ins Europäische aufgelöst hat. Doch der tiefenseelische Prozess, jener Projektions- und Abwehrvorgang, der beängstigend Fremdes fernzuhalten sucht, verläuft gegenüber

60 Das ist die Rolle der sogenannten »Auschwitz-Keule«: der inflationäre Verweis auf Auschwitz bei allen möglichen Verfehlungen, Entgleisungen, Herabwürdigungen, die nicht entfernt die Schwere dessen haben, was dort geschah.

Nicht-Weißen nach keinem anderen Muster als gegenüber Juden. Was dieser Vorgang jeweils anrichtet, hängt von schwer vorhersehbaren historischen Konstellationen ab. Je größer der Leidensdruck einer Bevölkerung, desto größer ihre Neigung, ihn an denjenigen auszulassen, die sie als bedrohlich fremd empfindet. Das ganze Register der Sündenbockbehandlung steht dafür bereit: sporadische Schikanen, systematische Verfolgung, Unterdrückung, Versklavung, Deportation, spontane Pogrome und organisierter Massenmord. Nicht immer und überall kommt es zum Äußersten, aber es kann in allen möglichen antijüdischen und anti-indigenen Kontexten dazu kommen. Und auf dem Niveau dieses Äußersten ist nichts unangebrachter als ein Ranking, das ermittelt, ob die jahrhundertelangen Massendeportationen Schwarzer von Afrika nach Süd- und Nordamerika tatsächlich signifikant weniger mörderisch waren als die Massenvergasungen von Juden in deutschen Konzentrationslagern.

Hingegen gehört zur tiefenseelischen Dimension von Projektion und Abwehr auch jene tiefe Ambivalenz, die Max Horkheimer und Theodor W. Adorno unter der Überschrift »Elemente des Antisemitismus« herausgearbeitet haben.[61] Das Fremde schreckt. Es fasziniert aber auch; sei es als etwas, das man sich selbst nicht gestatten darf, wie das wilde Ausleben der eigenen Triebnatur; sei es als etwas, woran man nicht heranzureichen glaubt, wie rabbinische Interpretationskunst und das Raffinement gewitzten

61 Max Horkheimer / Theodor W. Adorno, *Dialektik der Aufklärung*, Fischer, Frankfurt am Main 1969, S. 177 ff.; vor allem die Abschnitte I–II.

Feilschens. Dafür soll es büßen, und zwar so, dass ihm mit seinen eigenen Mitteln heimgezahlt, dass die unkontrollierte Triebnatur der Fremden durch Gewaltexzesse gebändigt, dass ihr gewitzt erworbener Besitz durch unlautere Geschäftsbedingungen einkassiert wird. Der tiefenseelische Drang dazu wird ausgeblendet, wo Antisemitismus und Rassismus nur noch als »Formen gruppenbezogener Menschenfeindlichkeit«[62] äußerlich nebeneinander wahrgenommen werden – gleichrangig mit den Feindseligkeiten gegen Moslems, Behinderte, Obdachlose, sexuell anders Orientierte etc.: als »Einstellungen und Verhaltensweisen, die andere Personen ausgrenzen und abwerten«. Da bleiben vom projektions- und abwehrgesteuerten Verhalten nur behavioristisch konzipierte Verhaltensfassaden sichtbar. Sie lassen sich beschreiben, rubrizieren, ranken und anprangern; ihr innerer Zusammenhang aber wird unkenntlich.[63]

Horkheimer und Adorno haben entschieden tiefer angesetzt: sowohl gesellschaftstheoretisch als auch psychoanalytisch, ohne deshalb auf Mittel empirischer Sozialforschung (die damals freilich noch weit weniger ausdifferenziert waren) zu verzichten. Ihre »Elemente des Antisemitismus« könnten durchaus auch »Elemente des Rassismus« heißen. Sie argumentierten zwar ganz von jenem rassischen Antijudaismus aus, der sie ins Exil getrieben hatte;

62 Das ist der forschungsleitende Begriff des von Wilhelm Heitmeyer geleiteten Langzeitprojekts des Bielefelder Instituts für interdisziplinäre Konflikt- und Gewaltforschung (https://de.wikipedia.org/wiki/Gruppenbezogene_Menschenfeindlichkeit).

63 Auch wo beteuert wird, sie seien alle gleich gravierend und keinesfalls gegeneinander auszuspielen, findet allein schon durch die Reihenfolge, in der man sie aufführt, ein Ranking zwischen ihnen statt.

aber sie begriffen ihn als Extremfall, der zugleich grelles analytisches Licht auf ein ganzes Arsenal weniger schroffer rassistischer Formen wirft und sie verstehen hilft;[64] als Extremfall zudem, in dem sich eine bestimmte historische Großwetterlage von Vergesellschaftung und Technik gewitterartig zusammenzieht und entlädt. Die Freud'sche Methode, das menschliche Seelenleben von seinen Neurosen aus aufzuschließen, wurde hier gesellschaftstheoretisch gewendet und auch Gesellschaft von ihren Extremen her begriffen, statt die Extreme als Abweichungen von einer stets diffusen, schwer definierbaren »Mitte« zu fokussieren. Historische Großwetterlagen ändern sich freilich; in der gegenwärtigen hat *Black lives matter* begonnen, den Ton anzugeben.

»[D]ie Neger will man dort halten, wo sie hingehören, von den Juden aber soll die Erde gereinigt werden«[65] – das war die nationalsozialistische Maxime. Die kolonialistische verhielt sich im Extremfall spiegelverkehrt dazu: Schwarze deportieren und zu Tode schinden, und sich um Juden wenig kümmern. Deshalb kommen im radikalen Postkolonialismus Juden nur marginal vor. »Antischwarze Gewalt ist genuin vor-logisch. Das heißt auch, sie folgt keiner Erzählung, keiner Narration. Es gibt in der psychischen Verfasstheit einen Unterschied zwischen Angst und Terror.

64 Deshalb gehörten *Studien zum autoritären Charakter* zu den zentralen Projekten ihrer Exilzeit in den USA. Im antisemitischen Verhalten Züge einer allgemeineren, gesellschaftskonstitutiven Charakterform zu erkennen: das war die Absicht dabei (cf. Theodor W. Adorno, *Studien zum autoritären Charakter*, 1950, Suhrkamp, Frankfurt am Main 1995).
65 Max Horkheimer / Theodor W. Adorno, S. 177.

Der Jude verursacht Angst aufgrund bestimmter paranoischer Zuschreibungen. Weil ihm unterstellt wird, er übernähme das internationale Finanzsystem, besetzte an den Unis die besten Plätze und so weiter. Das verursacht eine begrifflich kohärente Furcht. Ihre Folgen können, wie wir wissen, katastrophal sein, bis hin zum Genozid. Und doch ist diese Furcht eine andere als die vor dem Schwarzen. Hier geht es nicht darum, dass die Schwarzen möglicherweise die Weltherrschaft übernehmen oder, wie die Urbevölkerung, ihr Land zurückerobern könnten. Bei ›Anti-Blackness‹ geht es um blanken Terror vor der Präsenz des schwarzen Körpers, der dem kollektiven Unbewussten eingewebt ist. Es ist eine Angst des Fleisches, nicht ausgelöst durch einen Diskurs, eine Haltung, eine Politik.«[66]

So die Position des »Afropessimismus«, einer neuen Variante afrikanischen Denkens, die nicht mehr, wie noch Mbembe, einen gemeinsamen Exodus zu allgemeiner Menschlichkeit im Sinn hat, den die Schwarzen lediglich anführen und auf den sie die Weißen gleichsam mitnehmen. Vielmehr ist der Ausgangspunkt hier der Glaube an eine tief im weißen Fleisch und Unbewussten sitzende Unfähigkeit, die Schwarzen zu begreifen, und die Hoffnung darauf, dass die Schwarzen endlich gewahr werden, wie grundsätzlich anders ihr Fleisch ist, so dass sie aufhören, nach den Weißen zu schielen. Erneut wird eine tiefe konstitutionelle Verschiedenheit zwischen Weißen und Schwarzen reklamiert; nur diesmal von Schwarzen – als *ultima ratio*, um weißer Bevormundung zu entrinnen. Unter umgekehrten

66 Frank B. Wilderson III, *Die Anti-These zum Menschen*, Frankfurter Allgemeine Zeitung, 6.7.2020, S. 11.

Vorzeichen, mit emanzipatorischem Anstrich, kehrt wieder, was man früher »Rassenunterschiede« nannte, nur dass der Afropessimismus strikt leugnet, damit auch nur das Geringste zu tun zu haben. Damit liegt er ganz auf der Verneinungslinie des dekonstruktivistischen »Rassismus«-Diskurses, der beständig die Existenz von Rassen bestreitet – und dabei das R-Wort ständig wach hält.

In diesem Verneinungskontext gehen zwei signifikante Substantivierungen um: *Blackness* und *Whiteness*. Das sind Wortbildungen, wie der platonische Sokrates sie vornahm, als er sich von schönen Dingen zum Schönen selbst, von tugendhaften Handlungen zur Tugendhaftigkeit selbst, von einzelnen Menschen zur Menschheit vorantastete.[67] *Blackness as such, whiteness as such* werden als generelle Seinsweisen, als Grundbefindlichkeiten schwarzer und weißer Populationen imaginiert, an denen die konkreten schwarzen und weißen Individuen lediglich teilhaben – wie bei Platon die empirischen Sinnendinge am ideellen Sein der Ideen. Ausgerechnet ein »Rassismus«-Diskurs, der die Dekonstruktion aller eurozentrischen Kategorien betreibt, arbeitet mit dem Denkmuster der platonischen Ideen, mit denen Foucault die »Ausschließungsmaschinerie des Logos« beginnen sah. Auch »Rassismus« und »Antisemitismus« selbst bekommen das Ansehen von »Ideen«, was hier so viel heißt wie von konditionierten weltanschaulichen Einstellungen. Sie können sich wechselseitig verstärken, aber einander auch in die Quere kommen. Wenn Europäer Einwände gegen Grundüberzeugungen des Islam, etwa gegen den Dschihad, vorbringen und damit eine Religion kritisieren, die weiße

67 Siehe etwa Platon, *Symposion* 211 d; *Politeia* 505 a; *Menon* 79 b.

Kolonisatoren bei ihrem Vordringen in Vorderasien und im Magreb brutal unterdrückt haben, betreiben sie dann nicht »antimuslimischen Rassismus«? Unterlassen sie aber diese Kritik, machen sie dann nicht gemeinsame Sache mit dem »Antisemitismus« von Moslems, die sich gegen den Staat Israel oder gegen seine Besatzungspolitik empören? Auf dem Niveau solcher Fragestellungen, die ein Klima allseitiger Verdächtigungen schüren, wo jeder Schritt in ein Fettnäpfchen führt,[68] verstärkt sich der Trend, »Rassismus« und »Antisemitismus« bloß noch behavioristisch als zwei verschiedene Haltungen wahrzunehmen; Ähnlichkeiten und Unterschiede an ihnen hervorzuheben; darüber zu streiten, welche »schlimmer« ist; sie gemeinsam unter der bürokratischen Rubrik »gruppenbezogene Menschenfeindlichkeit« zu verbuchen; und auszublenden, dass Einstellungen und Haltungen die verfestigte Außenseite von inneren Erlebnissen, Verletzungen und ihrer mehr oder weniger bewussten Verarbeitung sind – Versuche, in einer Umgebung, in der stets vieles fremd bleibt, Orientierung und Vertrautheit herzustellen.

Xenophobie

Das griechische Wort *xenos* heißt »fremd« und kommt dreifach vor: als *der* Fremde, *die* Fremde (nicht nur Person, auch Umgebung) und *das* Fremde. Was schlechterdings fremd ist, erschreckt; oder umgekehrt: Das Schreckliche ist das schlechterdings Fremde; es lässt sich mit nichts

68 Sehr instruktiv zu diesem Klima Patsy L'Amour LaLove (Hg.), *Beißreflexe. Kritik an queerem Aktivismus, autoritären Sehnsüchten, Sprechverboten*, Queerverlag, Berlin [4]2017, S. 20 ff.

Eigenem in Einklang bringen. Wo Fremdes zu faszinieren beginnt oder zum Objekt der Neugier mutiert, da ist es schon zum Außenbezirk von Vertrautem geworden. Wenn Kinder anfangen, fremde Hunde zu streicheln, Schmetterlinge zu verfolgen, Häuflein zu betasten und zu beriechen, so geschieht das gewöhnlich in häuslicher Umgebung oder auf gesichertem Boden, wo Eltern oder andere Bodyguards in Sicht- oder Rufweite sind. Als Altsteinzeitmenschen darauf verfielen, den traumatischen Schrecken der Naturgewalt in Gestalt von Opferritualen zu zelebrieren, da nahmen sie ihn in Eigenregie. Dadurch, dass sie ihn selbst veranstalteten, ihn wieder und wieder auf eigene Faust aufführten, gewann seine schreckliche Fremdheit allmählich einen gewissen Grad von Vertrautheit. Schreckliches muss auf verständige Weise wiederholt oder, psychoanalytisch gesagt, durchgearbeitet werden, wenn es in den eigenen seelischen Haushalt integriert werden und darin nicht eine abgespaltene, destabilisierende, desorientierende Existenz führen soll.

Deswegen ist die Zweitbedeutung von *xenos* so bemerkenswert: Gast. Die Urgestalt des Gastes ist der Flüchtling, der Umherirrende, seine primäre Zufluchtsstätte der Tempel. Dessen Raum bietet Flüchtigen ein *asylon*: den Schutz der Tempelgottheit. Der Gaststatus ist ein profanierter Asylstatus. Statt der Gottheit und ihrer Priester gewährt ein Hausherr dem Fremden ein Dach, Kleidung, Nahrung und Wohlbefinden. Hegt der Gast den Wunsch, die erwiesene Wohltat bei Gelegenheit zu erwidern; sichert er dem Hausherrn samt dessen Angehörigen und Nachkommen für diesen Fall eine ebensolche Beherbergung zu, dann wird er zum Gastfreund. Das ist die Drittbedeutung von *xenos*. Das Siegel auf die Gastfreundschaft ist das *symbolon*, ein kleines, in der Mitte durchgebrochenes Objekt, meist ein Tontäfelchen oder ein Ring, wovon beide Beteiligten je eine Hälfte erhalten. An der Bruchstelle sollen sie und ihre Nachkommen die Zusammengehörigkeit beider Seiten erkennen. An ihr definiert sich Freundschaft als der Prozess, der Fremdheit allmählich in Vertrautheit verwandelt.

Die Worte *xenos* und *symbolon* enthalten eine ganze Genealogie der Freundschaft. Die längste Zeit der Homo-sapiens-Geschichte hindurch endete Vertrautheit an den Grenzen des eigenen Clans. Freundschaft war ein erstes Knüpfen von Neigungs- und Verpflichtungsbanden über diese Grenzen hinweg. Ohne eine Dosis individueller und kollektiver Selbstüberwindung wäre es dazu schwerlich gekommen. Fremd sind aber nicht nur *die* Fremden, also die Menschen anderer Hautfarbe, Statur, Sprache und Lebensweise. Fremd sind auch neue Lebensumstände, ausgelöst durch Schicksalsschläge, beruflichen oder technologischen Wandel, mit denen man sich erst einmal arrangieren muss. Auch hier gilt: Vertrautheit entsteht nicht am Fremden vorbei, sondern durch es hindurch. Fremdheit muss durchgemacht, durchgearbeitet werden – individuell wie gemeinsam; tiefenpsychologisch, pädagogisch und politisch. Genau das fällt in der Facebook-Freundschaft aus. Das Teilen all dessen, was man »mag«, mit all denen, die das Gleiche »mögen«: Der Welterfolg dieses Kommunikationsmodells ist erkauft durch ein globales Überspielen von Fremdheit. Fremd ist lediglich, was wir als fremd erachten, suggerieren die Social-Media-Magnaten, die selbstverständlich alle die *Diversity Charta* unterstützen. In der Fremdheit sehen sie nichts als eine schlechte

Angewohnheit, eine menschenfeindliche Konstruktion, und in der digitalen Direktverbindung aller mit allen (und allem) die Riesenchance, diese Konstruktion zu dekonstruieren, unzählige menschheitsverbindende Gemeinsamkeiten zu entdecken und weltweit Fremdheit durch Vertrautheit zu ersetzen. Als müsste man bloß einen Hebel umlegen.

Fremd ist ihnen, dass zu den Gestehungskosten des menschlichen Trieblebens unvermeidlich eine Prise Xenophobie gehört. Xenophob heißt nicht, wie gehirnwäscheartig überall wiederholt wird, »fremdenfeindlich«, sondern »Fremdes fürchtend«. Niemand ist ganz frei von solcher Furcht. Ohne einen gewissen Minimalraum um uns herum, in dem uns Dinge und Menschen, Geräusche und Gerüche vertraut sind und von dem wir wünschen, dass ihn nichts Fremdes stört, sind wir kaum in der Lage, eine seelische Mindeststabilität zu entwickeln oder beizubehalten. Gefängniszellen illustrieren, was passiert, wenn ein solcher Raum fehlt. Schonräume der Vertrautheit sind für die Ich-Bildung unerlässlich. Sie zu gewähren genügt nicht. Sie müssen von den Betroffenen selbst ausgestaltet werden. Sie entstehen jedoch nur in einer Welt, in der vieles fremd bleibt. Die Spezies Homo sapiens, eine verschwindend kleine Population im Kosmos, ist völlig außerstande, sich alles Fremde vertraut zu machen. Es ist nicht einmal wünschenswert, dass sie das versucht. Wer nicht die allermeisten täglichen Nachrichten der Massenmedien von sich fern hält, sie entweder ausblendet oder weit geringeren Anteil an ihnen nimmt, als sie erheischen und oft auch verdienen, kann sich auf nichts Eigenes mehr konzentrieren.

Keine Ich-Bildung ist ohne xenophobes Grundrauschen. Entscheidend ist, wie es sich weiterentwickelt: ob als *Crescendo* hin zu manifester Fremdenfeindlichkeit, oder als *Diminuendo* hin zur Verwandlung des Fremden in Vertrautes. Sich gegen jeden »Rassismus« und »Antisemitismus« zu erklären, ist zwar lobenswert und gehört in westlichen Gesellschaften inzwischen bis weit in rechtspopulistische Kreise hinein zum guten Ton. Aber es besagt nichts darüber, wie die Individuen jeweils mit ihrer eigenen xenophoben Hypothek umgehen. Haben mitteleuropäische Weiße das Fremdeln gegenüber anderer Hautfarbe, Statur, Sprache und Lebensweise wirklich schon überwunden, wenn sie es empört kritisieren? Bestimmt nicht, solange ihre Kritik darin besteht, Zeitgenossen, die in ein Gasthaus Zum Mohren einkehren, sich in afrikanischen Look mit Dreadlocks und Tunnelohrringen kleiden, sich tätowieren oder ihren Kindern gestatten, sich für ein weihnachtliches Krippenspiel das Gesicht zu schwärzen, wie auf Knopfdruck unter »Rassismus«-Verdacht stellen.[69] Dessen Unverhältnismäßigkeit ist ein starkes Indiz dafür, dass sich ihr Fremdeln lediglich verschoben hat. Sie richten es vorzugsweise gegen andere Weiße, die mit den Mitbürgern dunkler Hautfarbe weniger überidentifiziert sind als sie selbst. Diese Überidentifikation, die besonders in universitären Milieus gedeiht, lässt sich leicht als facebookgestützte Verleugnung der eigenen Xenophobie entschlüsseln. Wir sind doch alle Freunde! Doch das Verleugnete verlangt nach Ventilen und explodiert gegen alle, die dem eigenen Ideal von Antirassismus nicht genügen. In den antirassistischen Hochschulbiotopen ist ständig dicke Luft. Permanent bezichtigen Individuen und Gruppen einander

69 *Beißreflexe*, S. 23 f. und öfter.

rassistischer Verfehlungen. Die antirassistische Attitüde ist ins Kraftfeld jener beiden tiefenseelischen Mechanismen gebannt, die bei Freud Verneinung und Verschiebung heißen. Darüber hinaus führt erst die Einsicht, dass niemand ganz frei von Xenophobie ist und wir alle deren Durcharbeitung nötig haben.

Davon ist freilich nicht die Rede, wo Antirassismus gleichbedeutend mit Tugend wird. »Null Toleranz gegen Rassismus« gehört heutzutage nicht nur zum obligatorischen Erscheinungsbild aller größeren Fußballvereine. Auch die Europäische Union hat seine Bekämpfung unter ihre obersten Ziele aufgenommen und eigens das Amt eines Rassismus-Beauftragten eingerichtet. Dessen Aufgabe ist selbstverständlich nicht, konkretes ethnisches Mobbing an Ort und Stelle zu unterbinden (dazu müsste er hunderttausend Augen und Ohren haben), sondern jenes strukturelle Missverhältnis zu bekämpfen, welches fortbesteht, solange ethnische Gruppen nicht proportional zu ihrem Bevölkerungsanteil in den entscheidungsrelevanten politischen, ökonomischen und kulturellen Gremien vertreten sind. Und wie man sich auch dreht und wendet: Diese Art Kampf um Gleichstellung läuft auf Quotenpolitik hinaus.

Ihr Modell ist die Frauenquote. Deren Sieg steht bevor. Aber er ist ein Pyrrhussieg. Während er errungen wird, tut sich das weite Feld des dritten Geschlechts auf, wo Transgender und Agender, Transsexuelle und Intersexuelle gleichermaßen berücksichtigt sein wollen und sich von Artikel 3 GG voll unterstützt fühlen, wenn sie ihre eigenen Posten, Zuschüsse, Freiräume und Toiletten fordern. Die Fünfzig-Prozent-Regelung ist überholt, noch bevor sie voll durchgesetzt ist. Ein allgemein akzeptabler Schlüssel für gerechten Geschlechterproporz aber ist nicht in Sicht. Und für ethnischen Proporz? Erst recht nicht. Dass nicht nur Weiße und Schwarze durch eigene Repräsentanten vertreten sein müssen, sondern alle Farbvarianten der *People of Color*, in Deutschland zudem stets Juden sowie Sinti und Roma, ist unumgänglich. Wie aber steht es mit den Jenischen, einer oft fälschlich unter die Sinti und Roma gerechneten Volksgruppe mit eigener Sprache, die ebenfalls vom Nationalsozialismus verfolgt wurde, keinerlei Reparationen erhielt und erst in den letzten Jahren als eigene Ethnie Beachtung fand? Wie mit den Sorben, denen in der DDR eigene Sprache und Bräuche weitgehend ausgetrieben wurden? Sollen schließlich die ethnischen Unterschiede von Friesen, Schwaben und Bajuwaren, deren Nachfahren man heute unter »biodeutsch« zusammenfasst, gänzlich ignoriert werden? Und damit haben wir von den Menschen mit Behinderung, Alten und Kindern, von denen es immer wieder heißt, dass sie »keine Lobby« haben, noch gar nicht gesprochen.

Gender(n)

»Niemand darf wegen seines Geschlechtes, seiner Abstammung, seiner Rasse, seiner Sprache, seiner Heimat und Herkunft, seines Glaubens, seiner religiösen oder politischen Anschauungen benachteiligt oder bevorzugt werden,« sagt Artikel 3 GG. Selbst wenn man die »Rasse« streicht, ist offensichtlich, wohin der Versuch der paritätischen Gleichstellung aller von Benachteiligung Betroffenen und Bedrohten führt: in einen Dschungel der Konkurrenz um

Beachtung, Posten und finanzielle Zuwendung. Unterstützt wird diese Dschungelbildung durch rechtliche Maßnahmen wie das jüngst in Berlin erlassene Gesetz zur »Förderung einer Kultur der Wertschätzung von Vielfalt«. Als ob Vielfalt als solche etwas Gutes wäre, als ob wir uns eine Vielfalt rechtsextremer Subkulturen oder Coronamutanten nur von Herzen wünschen könnten! Vielfalt *von was*: darauf kommt es an. Vielfalt, die von keinerlei einfriedenden, einheitsstiftenden Strukturen durchzogen ist, ist lediglich »Mannigfaltiges«[70] – ungeordnet, diffus, bedrohlich und keineswegs vorab ein Bio- oder Soziotop unablässiger wechselseitiger Bereicherung, wie umgekehrt Einheit, die keinen Raum dafür lässt, dass jedes Individuum anders ist, Vereinheitlichungsterror ausübt.

Die Gleichsetzung von Gerechtigkeit mit paritätischer Gleichstellung hat eine mentale Tiefenwirkung, von der sich in der Gleichstellung der Frauen nur die ersten zarten Anfänge zeigen. Bekanntlich ist sie mit der Durchsetzung einer »geschlechtergerechten«, will sagen, paritätischen Sprech- und Schreibweise verbunden, die im Deutschen mit seiner stark ausdifferenzierten Deklination besonders hoch aufgeladen ist. Dass man das weibliche Geschlecht missachte, wenn man es nicht überall ausdrücklich erwähnt, wo es beteiligt ist, gehört seit einigen Jahren zum guten deutschen Ton. Es gilt als unhöflich, von einem Fußgängerüberweg, Rednerpult, Lehrerkollegium zu sprechen, ohne eigens die Fußgängerinnen, Rednerinnen, Lehrerinnen zu nennen. Als fehlte den Frauen das Abstraktionsvermögen, auch ohne diese Zusätze zu bemerken, dass sie genauso den

70 Immanuel Kant, *Kritik der reinen Vernunft*, Werke, Band III, S. 116.

Überweg und das Pult nutzen können und dem Kollegium zu gleichen Konditionen angehören wie Männer. Ob es schmeichelhaft für Frauen ist, ein solches Abstraktionsdefizit unterstellt zu bekommen; ob ersprießlich, wenn ihnen jede Sondernennung ihres Geschlechts erneut vorführt, dass die weiblichen Endungen gewöhnlich Ableitungen von männlichen sind, ganz nach dem biblischen Muster, wo Eva Abkömmling von Adam ist; ob es dem Sprach-, Gedanken- und Lesefluss guttut, wenn er ständig durch Hinzufügung weiblicher Formen unterbrochen wird; ob es geschlechtergerecht ist, wenn der bestimmte weibliche Artikel »die«, der im Plural auf Maskulinum und Neutrum übergreift (*die* Männer, *die* Kinder), dem männlichen Geschlecht gar keine eigene Pluralform einräumt? Schon das bloße Stellen solcher Fragen erhöht umgehend den Blutdruck.

Doch es ist damit wie beim Hochleistungsfußball. Die Fans wissen, dass diese »schönste Nebensache der Welt« ihrer eigenen Gesundheit und Karriere, dem sozialen Frieden und dem Klimaschutz nicht nennenswert voranhilft und sie von ihren persönlichen Lebensumständen ständig ablenkt. Dennoch versetzen die großen Spiele sie in eine Erregung, als ginge es um ihre eigene Haut. Sie können sich schwer vorstellen, dass etwa die Hälfte der Weltbevölkerung vom Fußball kaum Notiz nimmt. Ähnlich ist das Gendern von Sprachen zur schönsten mitteleuropäischen Nebensache der Identitätspolitik aufgestiegen. Wahrheit gibt es zwar nicht mehr, wo alles nur noch als Konstruktion gilt, die jederzeit um- und dekonstruiert werden kann. Doch bei der Frage, ob und wie zu gendern sei, macht sich der ungestillte Wahrheitsdurst im Modus der Verneinung geltend. Es bricht ein Argumentationsfuror aus, als hinge von hinzugefügten weiblichen Endungen, Sternchen, Unter- oder Schrägstrichen das gesamtgesellschaftliche Wohl und Wehe ab. Wer nicht mitgendert, macht sich der »gruppenbezogenen Menschenfeindlichkeit« verdächtig.

Dabei hat fast die Hälfte aller Sprachen auf dem Globus kaum eine Möglichkeit zum Gendern. Im finnisch-ugrischen Sprachkreis, in den Turksprachen, im Chinesischen und Japanischen, im Armenischen und Persischen etwa fehlt den Substantiven jegliches grammatische Geschlecht. Jedes Substantiv für Menschen oder Tiere umfasst hier stets alle Geschlechter und vollzieht so gewissermaßen automatisch deren grammatische Gleichstellung, ohne dass sich jemand für sie eigens ins Zeug legen müsste.[71] Hat sich das in der sozialen Gleichstellung signifikant niedergeschlagen? Die rechtlich-soziale Stellung der Frauen in der Türkei, in Ungarn, im Iran oder in China lässt nicht erkennen, dass die grammatische Gleichstellung den Weg zur sozialen bahnt. Auch lässt sich nicht jede Sprache nach Wunsch auf geschlechtslose Substantive trimmen. Jene indogermanischen zum Beispiel, die in der Regel zwei, bisweilen drei Genera haben (wie das Deutsche, Niederländische, Russische, Polnische), sind von Grund auf so gebaut, dass ihr gesamtes Flexions- und Bezugssystem dabei implodieren würde. Ihre Grammatik vermag allenfalls Gesten des guten Willens zu realer Gleichstellung (und *die* ist es doch, worauf es ankommt!) in sich aufzunehmen.

71 Rückstände des männlichen und weiblichen Genus sind in einigen dieser Sprachen lediglich an den Pronomina haften geblieben.

Wer mehr von diesen Sprachen verlangt, wer ihnen vollständige grammatische Gleichstellung abzwingen will, macht die Rechnung ohne den Wirt: den naturwüchsigen Fundus in aller Grammatik. Die Anfänge menschlicher Lautformung, Wortbeugung und Satzbildung, die diesen Fundus ausmachen, waren signifikante Reaktionen auf die Umgebung übermächtiger Naturgewalten. Durch Benennung versuchten sie, mit dieser Übermacht fertig zu werden, und kamen doch nie über sie hinweg, ohne ihr auch ein Echo zu geben und ihre Übersetzung in Rituale, Sitten und Gebräuche lautlich zu unterstützen. Soziale Gewalt ist transformierte Naturgewalt, der naturwüchsige Fundus von Sprache daher nie gewalt- und willkürfrei. Er ist vielmehr der prägrammatische und prälogische Boden aller Grammatik und Logik. Deshalb sind Sprachen nicht beliebig de- und umkonstruierbare Konstrukte. Ihr Naturboden lässt sich ein Stück weit kultivieren und humanisieren, aber nicht einfach auswechseln.

Daran ärgert sich das Gendern. Namentlich im Deutschen hat es eine Spielwiese der Nebensächlichkeit eröffnet, auf der sich die konstruktivistische Wut gegen den Naturfundus gewachsener Sprachen nach Herzenslust austoben kann und sicher sein darf, dass die Erregung so bald nicht abebbt; kommt sie doch allererst auf Touren, seit ein drittes Geschlecht gesetzlich verankert ist. Bisher galt, dass Frauen erst dann wirklich gleichgestellt sind, wenn sie sowohl politisch als auch sprachlich genauso »sichtbar« sind wie Männer. Nun muss das genauso für alle Diversen gelten. Mit welchem Recht aber für Letztere nur pauschal? Transgender, Agender, Transsexuelle und Intersexuelle verdienen nicht minder, explizit genannt zu werden, als Frauen. Mit der

Hinzufügung einer weiblichen Form ist es also nicht getan. Auch nicht mit dem Gendersternchen. Zum einen kann man das nicht sprechen. Zum andern spielt es, wenn es als graphisches Zeichen für alle Diversen verwendet wird, keine andere Rolle als das generische Maskulinum für die Frauen. Es befasst Gruppen unter sich, die es nicht ausdrücklich nennt. Zudem macht ein solcher Stern nichts sichtbar als sich selbst.[72] Die Gruppenzugehörigkeit von Menschen wird durch ihn nur sichtbar, wenn er ihnen direkt angeheftet wird. Sollen sich Deutsche diese Form der Kenntlichmachung zurückwünschen? Wer das nicht will, hat kaum eine andere Möglichkeit, als jedes Mal die ganze Reihe der Diversität auszubuchstabieren. Männer und Frauen sind ja auch bloß divers – anders als die andern. Damit nicht genug. Mit welchem Recht soll jene ausdrückliche Erwähnung, die allen Geschlechtern zukommt, denjenigen vorenthalten bleiben, die wegen ihrer Hautfarbe, Statur oder Lebensweise anders als die andern sind? Das wäre »Rassismus«!

So tönt es bereits aus dem neuen sozialwissenschaftlichen Forschungsbereich der »Intersektionalität«[73], der sich denen widmet, die einer eigenen Sichtbarkeit und Lobby entbehren, weil sie gleichzeitig zu verschiedenen Gruppen von Benachteiligten gehören; zum Beispiel schwarze behinderte Frauen. Die Verrenkungen, die hier auf politisch korrektes Sprechen zukommen, werden auch Sprachen ohne grammatisches Geschlecht in Mitleidenschaft ziehen. Mögen ihre Substantiva auch die gesamte Geschlechterdiversität gleichrangig unter sich befassen – die Diversität der Hautfarben,

72 Peter Eisenberg, *Unter dem Muff von hundert Jahren*, Frankfurter Allgemeine Zeitung, 8.1.2021, S. 12.
73 *Beißreflexe*, S. 32.

Abstammungen, Religionsgemeinschaften, Behinderungen schließen selbst sie nicht ein. Die kurze Epoche, in der bloß zusätzliche weibliche Endungen, Gendersternchen und Unterstriche den Sprach-, Gedanken- und Lesefluss hemmten, könnte im Rückblick bald anmuten wie eine Phase eleganter kleiner Ornamente und Aufschübe, verglichen mit der Liste der verschiedenen – und doch immer nur unvollständig aufgezählten – sexuellen, ethnischen und sonstigen Identitäten, die stets an jedes Substantiv für Personen anzuhängen sind, wenn jeder von ihnen die Sichtbarkeit ihrer Gruppenzugehörigkeit garantiert werden soll. Der Sprach-, Gedanken- und Lesefluss käme damit zwar fast vollständig zum Erliegen, wäre aber durch die Genugtuung, ständig erwähnt zu sein, reichlich aufgewogen.[74]

Sprachzerfall

Der Drang zur Erwähnung aller kommt nicht aus der Sprache selbst, sondern aus den Zwängen mikroelektronischer Vergesellschaftung. Wer nicht computervermittelt sichtbar wird, wer kein suchmaschinenfreundliches

74 Wenn die besonnene Gesine Schwan, die gute Gründe hatte, stets nur das inklusive Maskulinum zu verwenden, gesteht, nun doch, aus »pragmatischen« Erwägungen, zum Gendersternchen übergegangen zu sein, aber sich weigert, das Lehrer*innenzimmer durch Nennung weiterer Zugehörigkeiten auch noch als jüdisch-muslimisch-christliches Zimmer sichtbar zu machen, weil das die Sache »ad absurdum« führe und man »auf dem Teppich bleiben« müsse (Deutschlandfunk, 5.3.2021), so zeigt sich daran blitzlichtartig, wie stark der Druck zum Gendern geworden ist und in welche Klemme er führt. Das »Absurde« ist nämlich nur konsequent.

Bild im Netz abgibt, wird nicht wahrgenommen. Und wer nicht wahrgenommen wird, existiert nicht. *Esse est percipi*. Es ist diese neue elektronische *Conditio humana*, die sich in der Sprache niederschlägt. *Esse est nominari*: Sein ist Genanntwerden. Damit allerdings fängt Sprache an, ihre eigenen begrifflichen Grundlagen zu untergraben. Begriffe sind Abkürzungen. Sie ziehen aus Einzelnem – Menschen, Tieren, Pflanzen, Mineralien, Artefakten – etwas Gleichartiges, Typisches, Spezifisches heraus. Dieser spezifische Extrakt – modern gesagt: dieses Abstract – sieht von zahllosen Details des konkreten Einzelnen ab: seiner besonderen Farbtönung, seiner genauen Größe, Gestalt, Konsistenz, seiner aktuellen Bewegung oder Ruhelage etc. Ohne ein solches Absehen wären Einzeldinge gar nicht mitteilbar. *Individuum est ineffabile*: Das schlechterdings Einzigartige ist unaussprechlich.[75] Nicht nur, weil man mit der Nennung seiner Besonderheiten nie an ein Ende käme. Vor allem, weil jedes Individuelle durch sein Aussprechen immer schon ein Stück weit deindividualisiert, gewissermaßen »verdurchschnittlicht« wird, wie man in Anlehnung an Friedrich Nietzsche sagen könnte.[76] Das ist der Tribut der Begriffsbildung; aber nur durch seine Entrichtung werden Lautgebilde zu Transporteuren von Bedeutung. Bedeutung ist einerseits weniger als Einzeldinge: lediglich deren blasser mentaler Abzug. Andrerseits ist sie

75 Diese Formel wurde häufig Thomas von Aquin zugesprochen, kommt bei ihm in der *Summa theologica I*, q. 13, 9 c aber nur sinngemäß vor.

76 Friedrich Nietzsche, *Die fröhliche Wissenschaft*, 1883, Kritische Studienausgabe (hg. v. Giorgio Colli und Mazzino Montinari), Band 3, Deutscher Taschenbuch Verlag 1988, S. 592.

mehr: die Dimension, die Orientierung in der Vielfalt der Einzeldinge gibt und Verständigung über sie ermöglicht.

Sprache hat sich in homogenen archaischen Stämmen entwickelt: ethnozentrisch. Andere Ethnien kommen darin zunächst nur marginal vor: als nicht Zugehörige. Aber Sprache hat sich nicht monosexuell entwickelt. Die Binnendifferenz von weiblich und männlich, den beiden fortpflanzungsrelevanten Geschlechtern, war von Anfang an konstitutiv für menschliche Gemeinwesen. Sie gehört zu den elementaren Grammatikbildnern, zu den Grundschemata, mit deren Hilfe menschliche Kollektive ihre gesamte Umgebung zu erfassen suchten.[77] Einerseits setzen sich dabei die Zuständigkeits- und Gewaltverhältnisse, die sich im menschlichen Kollektiv zwischen den Geschlechtern herausgebildet haben, im grammatischen Geschlecht (Genus) fort. Andrerseits geht das Genus seine eigenen Wege. Je differenzierter seine Ordnungsraster, desto eigenständiger und eigenwilliger werden sie. Dass etwa die deutsche Grammatik »Sonne« weiblich, »Mond« männlich codiert hat und damit von den meisten anderen indogermanischen Sprachen abweicht, hat keinerlei logische Stringenz, zeigt aber den Eigensinn des Genus an. Das grammatische Geschlecht ist durchaus nicht nur Echo des physischen. Es darauf reduzieren und es resexualisieren zu wollen, ist linguistischer Ahnenkult: Die Abkömmlinge sollen sein wie die Vorfahren.

77 Sie sind freilich nicht die einzigen. Die Unterscheidung von Belebtem und Unbelebten, Personen und Dingen hat in manchen Sprachen (z. B. dem Hethitischen oder Sumerischen) nicht minder grammatikbildend gewirkt.

Begriffe sind abkürzende mentale Bildungen. Sie richten die Dingwelt zu. Sie ordnen sie, indem sie sie sich unterordnen. Wenn sie Weibliches unter Männliches, gelegentlich auch Männliches unter Weibliches subsumieren (wie bei der Feminisierung des Plurals im Deutschen), dann immer nur in dem Maße, wie sie dabei Besonderes unter Allgemeines, Schematisierendes, Abstraktes subsumieren. Nur durch Abstraktion ermöglichen sie Verständigung – indem sie davon entlasten, alles unter sie Subsumierte eigens noch einmal zu erwähnen. Das *Esse est nominari* nagt daher an der Substanz des begrifflichen Denkens. Wozu überhaupt noch Begriffe, wenn das, was sie unter sich befassen, immer noch einmal extra zu nennen ist? Soll sich ihr Grundmangel, dass sie dem, was sie subsumieren, nie ganz gerecht werden, etwa dadurch beheben lassen, dass ihnen ein Rattenschwanz von Einzelnennungen angehängt wird? Sie verlieren dadurch lediglich ihre über Individuen und Gruppen hinausreichende Verständigungspotenz – nicht nur ihre Subsumtions-, sondern auch ihre Repräsentationskraft. Die Kehrseite ihrer Unfähigkeit, Einzelnes direkt auszudrücken, ist nämlich ihr Vermögen, vieles Einzelne mitzudenken, für es zu sprechen, ohne es explizit zu nennen, es vorstellbar zu halten, auch wenn es abwesend ist, seine Gemeinsamkeiten mit explizit Genanntem implizit mitschwingen zu lassen, ohne sie jedes Mal ausführen zu müssen. Begriffe lernen heißt immer auch Abwesendes einbeziehen lernen. Es ist eine Elementarübung in Fürsprache und Empathie. Wenn Begriffe mit dem vermengt und verwechselt werden, was unter sie fällt, verlieren sie ihr Repräsentationsvermögen. Sie beginnen, Abgeordneten zu ähneln, die nicht mehr als Volksvertreter, sondern nur noch als Gruppensprecher agieren.

Zwar ist der repräsentative Eigenwert des Begrifflichen keine autarke höhere Sphäre. Er ist aus der Spracharbeit konkreter Individuen hervorgegangen, und es ist keineswegs egal, wer davon in welcher Situation welchen Gebrauch macht. Ob das Wort »Neger« von einem französischen Linguisten, einem afrikanischen Philosophen oder einem deutschen Bauarbeiter verwendet wird, kann erhebliche Bedeutungsunterschiede mit sich bringen – die jedoch lediglich verschiedene Nuancierungen einer Grundbedeutung sind, die bei allen dreien über die Grenzen ihrer verschiedenen Nationalsprachen hinweg identisch ist. Nur als Auslegungen dieses Gemeinsamen bekommen besagte Nuancierungen ihr wissenschaftliches, emanzipatorisches oder menschenfeindliches Eigengewicht.

Begriffe und ihre Verbindungen zu Urteilen und Schlüssen sind im besten Sinn des Wortes »kommunistisch« – niemandes Privateigentum. Sie stehen keineswegs nur »Zuständigen« oder »Betroffenen« zu. Zwar kann die Geltung von Argumenten und gedanklichen Zusammenhängen durch persönliche Betroffenheit besonderen Nachdruck bekommen. Aber wo die persönliche Betroffenheit ihnen allererst Geltung verschaffen soll, wo sie richtig erst dadurch werden sollen, dass die Richtigen sie vortragen, also die Benachteiligten (zu denen zum Beispiel alte weiße Männer grundsätzlich nicht gehören), da wird aus Begriffssprache – Lobbysprache. Seit altersher gehört zwar zum lobbyistischen Handwerk, allgemeine Begriffe besonderen Interessen geschickt dienstbar zu machen. Aber dass Begriffe durch lobbyistischen Gebrauch allererst legitim werden sollen – das ist eine Revolution im ursprünglichen Sinn des Wortes: »Zurückwälzung«. Sie bedeutet

Rückbau der Sprache auf ethnozentrisches Niveau, auf Clankommunikation, wo es nur »uns« und »die Anderen«, Vertrautheit und Fremdheit gibt und die menschliche Verständigung wieder zum Vorbegrifflichen zurücktendiert, über das sie sich in der Entwicklung von allgemeinen, in eine Vielzahl von Clansprachen übersetzbaren Begriffen einst mühselig hinausgearbeitet hat.

Man unterschätze diese Zurückwälzungsdynamik nicht. Es lastet auf ihr der ganze Druck des *Esse est percipi*, der Zwang zum elektronischen Sichtbarwerden. Den sieht man den Übungen »geschlechtergerechter« paritätischer Sprech- und Schreibweise freilich nicht direkt an, ebensowenig wie paritätisch besetzten Wahllisten. Sie erscheinen lediglich als Maßnahmen zur Demokratisierung der Sprache beziehungsweise zur Demokratisierung des Parlaments. Ist Parität nicht etwas Urdemokratisches? In der Tat. Paritätische Besetzung von Gremien und Kommissionen ist meistens die gerechteste Lösung. Aber Gremien werden von Körperschaften und Institutionen beauftragt. Sie bilden deren Zusammensetzung ab. Parlamente hingegen werden durch allgemeine Wahlen vom Volk beauftragt. Wenn aber das Parlament in erster Linie die Zusammensetzung des Volks nach Geschlechtern, ethnischen Gruppen und signifikanten Minderheiten paritätisch abbilden und den Wählerwillen lediglich innerhalb dieser Paritäten artikulieren soll, dann findet ein enormer Umschwung statt. Parität mutiert von einem Bestandteil sozialer Gerechtigkeit zu deren Inbegriff. Wenn alle politischen Funktionen und Posten paritätisch besetzt sind, dann soll das Volk angemessen »abgebildet« und Gerechtigkeit strukturell durchgesetzt sein. Anteilige Gleichheit fungiert hier nicht länger als demokratische Form, die dazu da ist, den informellen zivilgesellschaftlichen Prozess so einzufrieden, dass er den Verschiedenheiten der Individuen einen möglichst unbehelligten Tummelplatz bietet. Die demokratische Form wird vielmehr selbst zum höchsten Inhalt der Demokratie: zu ihrem Idealtypus, der etwa so zur informellen gesellschaftlichen Basis »durchsickert«, wie sich die platonischen Ideen in die Materie der empirischen Welt durchpausen. Er bildet sich darin ab und setzt sich als Gleichstellungsimperativ bis in alle Poren des Alltags hinein fort. Auch im Privatleben übt er den vergleichenden, scheelsüchtig kontrollierenden Blick ein, der selbst nächsten Angehörigen keinen Vorteil gönnt. Je penibler in Familien und Partnerschaften auf Gleichstellung geachtet wird, desto mehr zeigt sie sich als unerreicht. Auch die akribischsten paritätischen Verteilungsversuche von Aufgabenerledigung und Lusterleben bekommen jene kleinen Benachteiligungen und Bevorzugungen nicht weg, die menschlichem Zusammenleben unvermeidlich anhaften, solange es Individuen sind, die es gestalten, und nicht Automaten.

Die Durchdemokratisierung des gesamten zivilgesellschaftlichen Alltags und Privatlebens ist eine unendliche Aufgabe. Nie kommt sie bei vollkommener Gleichstellung an. Stattdessen bringt sie sich um das Glück der Verschiedenheit. Sie verkennt, dass Demokratie günstigstenfalls einen allgemein akzeptierten Rahmen für gutes Leben schaffen kann. Doch dieser Rahmen *ist* nicht das gute Leben. Er rahmt auch Ungutes. Seit seiner Gründerzeit in der amerikanischen Verfassung und der französischen Revolution ist er an der Strukturierung und Verwaltung einer Wirtschaftsordnung beteiligt, die den Zwang zu wirtschaftlichem Wachstum, zur Einsparung von Lohnkosten, zur Massenentlassung von Arbeitskräften, zu untilgbarer Staatsverschuldung auf Dauer gestellt, dabei globale Ausmaße angenommen hat und zuzüglich zu den Verwüstungen, die sie in den früheren Kolonialgebieten hinterließ, eine gigantische Klimakatastrophe ausbrütet. Je umfassender und alternativloser sie sich jedoch darstellt, desto weniger sprechen jene gesellschaftskritischen Kräfte von ihr, die man früher einmal »die Linke« nannte. Umso lieber reden sie von Demokratie.

Gut so, sollte man denken. Die prekären Folgen einer Wirtschaftsordnung, die man als ganze nicht auszuhebeln vermag, durch Demokratisierung immerhin stark zu mildern, gehört zweifellos zum Besten, was man gegenwärtig politisch tun kann. Manches Vergessene verdient dabei, neu erinnert zu werden: zum Beispiel, dass vor einem halben Jahrhundert in Europa die Demokratisierung der Wirtschaft in Gestalt betrieblicher Mitbestimmung der Arbeitnehmer deutlich weiter entwickelt war als heute. Doch nicht darauf sind die neuen basisdemokratischen Bestrebungen aus, sondern auf die Verwandlung der Demokratie in ein globales Gleichstellungsverfahren. Wenn schon keine andere Weltwirtschaftsordnung in Aussicht steht, dann wenigstens alle benachteiligten Gruppen sichtbar machen, sie an Parlament und Institutionen prozentual beteiligen, sie durch Betroffene, die als ihre einzig kompetenten Sprecher zu gelten haben, direkt zu Wort kommen lassen – und so durch paritätische Gleichstellung diskriminierungsfreie Räume sichern, in denen die Wurzel aller »gruppenbezogenen Menschenfeindlichkeit« keinen Boden mehr findet: der »Rassismus«, der als kolonialistischer, antisemitischer, antimuslimischer, sexistischer, sensorischer oder struktureller die gesamte Weltgesellschaft durchzieht.

Und so avanciert die »Rassismus«-Bekämpfung zu einem weltweiten Projekt, an dem von der UNO, der EU und den liberalen Nationalstaaten bis hin zu Großkonzernen und Fußballvereinen alles beteiligt ist, was Rang und Namen hat. Die Stimmführer der neoliberalen Welt bekommen das Ansehen von Revolutionsführern, die im Namen der *Diversity Charta* dem Weltmissstand Nummer eins zu Leibe rücken. So wird die globale kapitalistische Welt tatsächlich umgewälzt, aber neoliberal. Ihre internetgestützte Umwälzung ist zugleich eine Rolle rückwärts. Die paritätische Abbildung der Gesellschaft in allen Parlamenten, Institutionen und Gremien führt zurück zu vorbürgerlichen, lobbyistischen Vertretungsformen von clanähnlichen Gruppen. Je antirassistischer deren Einstellung, desto eher neigen sie zu dem Verdacht, der Antirassismus ihrer Mitbewerber um volle Sichtbarkeit, Zuwendung und Finanzierung lasse zu wünschen übrig, gestatte weiterhin latentes Mobbing, vernachlässige geschlechter- und minderheitensensible Verhaltens- und Sprechweisen und hintertreibe die Vereinigung der Antirassisten aller Länder, statt sie zu fördern.

Naturmetaphysik

Ein solches Verdachtsklima ist dem gesellschaftlichen Zusammenhalt nicht zuträglich. Umso mehr verschafft es jenen politischen Kräften Zulauf, die gegen den Paritätskult Sturm laufen, weil sie eher klare Ansagen von oben als

Gleichstellung wollen und unter Demokratie vornehmlich ein Mittel zur Wiederherstellung patriarchaler Familienverhältnisse und ethnisch homogener Bevölkerungen verstehen. Der neue Rechtsextremismus ist in all seinen verschiedenen Erscheinungsformen das Widerlager jener Deregulierung, die vor einem halben Jahrhundert mit der mikroelektronischen Revolution in den USA begann, zunächst die festen industriellen Arbeitsformen mit ihrer klaren Trennung von Beruf und Freizeit, Arbeits- und Wohnort auflöste, eine nie gekannte globale Fluktuation von Waren und Arbeitskräften entfesselte, freiwillige und unfreiwillige Migration vervielfachte, staatliche und ethnische Zugehörigkeiten lockerte, Bildungsprozesse fragmentierte, Familienverhältnisse in Patchwork überführte und aktuell im Begriff steht, auch die Geschlechtsidentitäten zu dekonturieren.[78] Für sich genommen ist jeder dieser Deregulierungsschritte ambivalent. Er lässt stabile Zugehörigkeiten wegbrechen, eröffnet aber auch neue individuelle Entfaltungsspielräume. Immer gibt es Nutznießer dieser Spielräume: Deregulierungsgewinner. Doch ihr Gewinn bleibt zumeist individualistisch. Er lässt sich schwer vergemeinschaften. Er lässt sich nicht einmal in Ruhe genießen, wenn sein Spielraum nicht seinerseits halbwegs stabilen Boden hat. Und die Zahl der Gewinner ist ungleich geringer als die der Verlierer. Im Weltmaßstab brechen weit mehr Sicherheiten weg, als sich neue Freiheitsräume öffnen. Die Deregulierung hat dramatische Schlagseite. Es ist nicht abwegig, im Ineinandergreifen ihrer zahllosen unscheinbaren Einzelschritte den Zug zu einem bedrohlichen globalen

78 Ausführlich hierzu Christoph Türcke, *Natur und Gender*, S. 171 ff.

Zerfallsprozess wahrzunehmen. Gegen den bringt sich die politische Rechte in Stellung, nur auf bornierte Weise. Der gemeinsame Nenner ihrer vielen verschiedenen Gruppen ist der Mythos vom heroischen Abwehrkampf gegen Zerfall, Dekadenz und Widernatürlichkeit. Er imaginiert die Wiedergewinnung natürlicher Lebensverhältnisse.

Wie in den antirassistischen Milieus ein ungehemmter Konstruktivismus gedeiht, für den Natur sich in bloße Knetmasse menschlicher Gestaltung verflüchtigt hat, so in den rechtslastigen ein plumper Naturalismus, der zu wissen vorgibt, was die Natur von sich aus will. Er verkennt, dass schon steinzeitliche Stammesverbände nicht einfach natürliche Gebilde darstellten, sondern in Gestalt von Opferritualen, Totem- und Ahnenverehrung, Jagdzauber und -techniken, Werkzeugproduktion und Sexualtabus vielfältig kulturell durchdrungen waren – und nie ganz homogen. Das uralte Inzestverbot sorgte früh für Verwandtschaftsgeflechte zwischen verschiedenen Gruppen. Ethnien haben selbst immer schon einen gewissen Grad von Stammesheterogenität und waren selten vom Austausch mit anderen Ethnien völlig abgekapselt. Erst recht ist der neuzeitliche Kapitalismus keine natürliche Vergesellschaftungsform, sondern eine hochkulturelle – mit Expansionskräften, die sich nicht auf migrationsfreie, ethnisch homogene Räume einschränken lassen. Umgekehrt: Industrielle Zentren hätten sich ohne Migrationsströme entwurzelter Landbevölkerung überhaupt nicht bilden können.

Der moderate, in ethnisch stabile nationale Räume eingefriedete, gute alte europäische Kapitalismus, der erst in den USA über die Stränge schlug und von dort aus begann, sich als »Liberalismus« über den ganzen Globus auszubreiten und die autochthon gewachsenen Strukturen menschlichen Zusammenlebens zu zersetzen: er ist eine der besonders geschichtsverzerrenden Gründungschimären des europäischen Rechtsextremismus.[79] »An Liberalismus gehen die Völker zu Grunde«, skandierte 1923 Arthur Moeller van den Bruck,[80] einer der geistigen Väter des Nationalsozialismus, als ob damals die Welt an einem Übermaß von Freiheit und Demokratie gekrankt hätte. Übermäßig große Entfaltungsräume hatte vornehmlich das internationale Kapital, nie die Masse der Bürger. Das ist im Neoliberalismus nicht grundlegend anders geworden. Seine weltweit dekomponierenden Kräfte sind schlecht zu leugnen. Sogar den Rechtsextremismus haben sie zerklüftet. Doch dieser will vom entscheidenden Zerklüftungsmechanismus, der Deregulierung, gar nichts wissen. Die basale ökonomische Zwangsdynamik des Neoliberalismus interessiert ihn überhaupt nicht. Er beanstandet lediglich diejenigen ihrer Wirkungen, die ihm unnatürlich vorkommen. Identitätspolitik bedeutet für ihn vor allem die Wiederherstellung autochthon-homogener, von allen Zugewanderten befreiter Ethnien sowie patriarchaler, heterosexueller Kleinfamilien (die erst ein Produkt der frühen Neuzeit, also alles andere als ursprünglich und natürlich sind).

Dieses Programm zwanghafter Renaturalisierung bedarf freilich ständiger Berufung auf den Volkswillen. Den

79 Zu den schamlosen Geschichtsklitterungen gegenwärtiger AfD-Wortführer siehe die brillante Sprachstudie von Heinrich Detering, *Was heiß hier »wir«? Zur Rhetorik der parlamentarischen Rechten*, Reclam, Stuttgart 2019, S. 21 ff.

80 Zitiert nach Volker Weiß, *Die autoritäre Revolte*, Klett-Cotta, Stuttgart 2017, S. 61.

pflegen die führenden europäischen Rechtspopulisten auch dann für sich zu reklamieren, wenn er mit der Mehrheit abgegebener Wählerstimmen nicht übereinstimmt. Die Behauptung, den eigentlichen Volkswillen zu kennen, gewissermaßen sein Lautsprecher zu sein: das macht Populismus geradezu aus.[81] Wählerstimmen können fehlgeleitet sein. Im Willen des Volkes, dem populistische Führer Gehör zu verschaffen vorgeben, artikuliert sich hingegen der Wille der Natur, und der ist authentischer, als es Wählerstimmen je sein können. Wenn sie mit ihm übereinstimmen: umso besser für ihn. Wenn er von ihnen abweicht: umso schlechter für sie. Demokratische Beglaubigung tut ihm gut; aber er bedarf ihrer nicht. Er firmiert als ein höheres Prinzip: ein metaphysisches.

Wenn dieser trübe, zumeist unausgesprochene oder nur angedeutete metaphysische Naturalismus im politischen Diskurs über den Rechtsextremismus hübsch ausgespart wird, wenn nicht bemerkt wird, dass er das innere Band ist, das die verschiedenen identitären Bewegungen und Patriotenverbände zur Rettung des Abendlands mental eint, dann erschließt sich auch nicht, wie ähnlich er dem radikalen Konstruktivismus ist. Beide verhalten sich spiegelverkehrt zueinander. Der eine glaubt, über das Innere der Natur, ihren Sinn, ihren Willen zu verfügen. Der andere glaubt, über sie verfügen zu können, weil es sie an sich gar nicht gibt, weil sie nichts ist als Konstruktion – und damit Konstruktion von nichts oder nichts Bestimmtem. Ist aber Natur lediglich Konstruktion, und

81 Überzeugend hierzu Jan-Werner Müller, *Was ist Populismus?*, Suhrkamp, Berlin 2016.

sind sämtliche Natursachverhalte bloß Algorithmen und Diskurse, dann sind Algorithmen und Diskurse auch nicht mehr verschieden von Natursachverhalten. Diskurs ist selber Natur. Wort ist selber Ding. Die Verflüchtigung der Natur in Konstruktion führt zur konkretistischen Resubstantialisierung der Worte: ihrer magischen Aufladung mit Schöpferkraft – als wären N-Wort und R-Wort direkte physische Misshandlungen; als würden Worte wie Krankheit, Behinderung, Zurückgebliebenheit, Unterschicht jeweils den Sachverhalt, den sie benennen, allererst hervorbringen. Daher ihre Tabuisierung – aus Angst vor dem in ihnen lauernden Schadenzauber. Das ist naturalistische Metaphysik im Modus der Verneinung.

Was tabu ist, darf nicht angerührt werden. Das Verbot der Berührung wäre freilich völlig überflüssig, drängte nicht ein tiefer Wunsch zu ihr hin. Das J-Wort, das sich gläubige Juden auszusprechen verbieten, ist Jahwe, der Name Gottes. Wer sich ihn verbietet, sehnt sich selbstverständlich danach, sich ihn durch Aussprechen verfügbar zu machen. Nur dass bei den Frommen die Scheu davor die Oberhand behält. Dadurch hört das Verbotene freilich nicht auf, ein latent Gewünschtes zu sein. J-Wort, N-Wort, R-Wort etc. folgen der gleichen Tabulogik, und der rasant wachsende Katalog tabuisierter Worte im gender- und minderheitensensiblen Diskurs zeigt an, in welche Richtung die aktuelle gesellschaftliche Wunschdynamik expandiert. Bitte nicht mehr von Menschenrassen sprechen. Doch die inflationäre Rede von Rassismus beschwört die Rasse wie einen Untoten immer wieder herauf. Bitte endlich aufhören, Menschen nach ihrem Geschlecht, ihrer Abstammung, Herkunft, Hautfarbe und sozialen Schicht zu taxieren. Für ihre Grundrechte und Würde, ihren Charakter und ihre Intelligenz, ihren Entfaltungs- und Glücksanspruch ist das völlig unerheblich. Aber alles dreht sich darum, dieses Unerhebliche in Gestalt von paritätisch gleichzustellenden Gruppen sichtbar zu machen. Das Unerhebliche ist – das Identitätsstiftende. Ethnische, sexuelle und soziale Zugehörigkeit sind zwar nichts als Konstruktionen; aber was zählt, sind *sie*. Sie bekommen das Ansehen von identitätsstiftenden Statussymbolen.

Kaum weniger als die unverhohlen rechtsextreme Identitätspolitik ist die sich »links« nennende auf Gruppenidentität fixiert. Gruppen sind auch für sie Schicksalszusammenhänge, zusammengeschweißt durch gemeinsame Benachteiligungserfahrung. Nur vom gemeinsamen Schicksal Betroffenen steht zu, die jeweilige Gruppe zu repräsentieren und zu beurteilen, und abweichende Meinungen haben in ihrem homogenen, diskriminierungsfreien Innenraum keinen Platz. Zeitgemäße rechtsextreme Gruppen reklamieren Homogenität ganz offen als naturgemäßes Prinzip, das sie ethnisch wie familiär gleichermaßen durchzusetzen trachten, aber sie blicken dabei, im Unterschied zu ihren Altvorderen, über den Nationalstaat des eigenen Landes hinaus und betreiben internationale Netzwerke. »Homogenisierer aller Länder, vereinigt euch«, könnte man ihr Motto nennen. Auf der Gegenseite steht die *Diversity Charta*. Doch das antirassistische Bekenntnis zur Vielfalt, zu dem sie aufruft, immunisiert nicht automatisch gegen identitäre Gruppenmentalität. Jedes neue Aussprechverbot über ein Wort, das Benachteiligte kränken könnte, zeigt einen Fortschritt an identitärer Gesinnung an, und nicht, wie gern behauptet wird, wachsende Achtsamkeit gegenüber Marginalisierten. Während der Rechtsextremismus jedoch unverbrämt identitär daherkommt und auf Achtsamkeit offen pfeift, ist die Gegenseite immerhin achtsamkeitsbeflissen – und identitär nur im Modus der Verneinung. Wir doch nicht!

Umso empfindlicher ihre Reaktion, wenn das Identitäre aus dem Verneinungsmodus wie aus des Kaisers neuen Kleidern herausgemerkt wird. Dazu bedarf es keines besonders scharfen Blicks. Wolfgang Thierse, der frühere Bundestagspräsident, musste lediglich das Klima von Verdächtigung und Aggressivität thematisieren, das im Kraftfeld universitärer Sprachtabus und Bürgerinitiativen zu Umbenennungen (in Berlin etwa der »Mohrenstraße« und der Kneipe »Onkel Toms Hütte«) in den letzten Monaten spürbar an Schärfe gewonnen hat[82] – und prompt wurde er durch die Tat bestätigt. Seine eigene Parteivorsitzende attestierte ihm umgehend eine »beschämende rückwärtsgewandte Haltung«, die sie ihrer offenen, stets vorwärts blickenden SPD nicht zumuten mochte. Womit sie das von Thierse monierte Klima kaum verhohlen als Atmosphäre sozialen Aufbruchs ausgab, wohl wissend, dass in seinem Ambiente die SPD mit den Grünen und der Linken um Wählerstimmen konkurrieren muss. Die Wahlprogramme aller drei Parteien überbieten sich bereits mit entsprechenden identitätspolitischen Angeboten.

Ein besonderes Highlight haben die Grünen in ihrem »Entwurf eines Gesetzes zur Aufhebung des Transsexuellengesetzes und Einführung des Selbstbestimmungsgesetzes

82 Wolfgang Thierse, *Wie viel Identitätspolitik verträgt die Gesellschaft?*, Frankfurter Allgemeine Zeitung, 22.2.2021, S. 9.

(SelbstBestG)« vom 21. April 2020 gezündet. Ihm zufolge soll »jede Person«, die »das 14. Lebensjahr vollendet hat«, »gegenüber dem Standesamt erklären« können, »dass die Angabe zu ihrem Geschlecht in einem deutschen Personenstandseintrag durch eine andere« dafür »vorgesehene Bezeichnung ersetzt oder gestrichen werden soll«. Für Personen, »die noch nicht 14 Jahre alt« sind und bei denen »der gesetzliche Vertreter«, also in der Regel die Eltern, »die Abgabe der vom Kind gewünschten Erklärung« verweigert, »ersetzt das Familiengericht die Erklärungsabgabe«, wenn sie »dem Kindeswohl nicht widerspricht«[83]. Minderjährige sollen diesen Wunsch also jederzeit an ihren Eltern vorbei durchsetzen können. Noch vor der Adoleszenz – und Adoleszenz ist ein jahrelanger Prozess der Umorientierung und Selbstfindung, in der Regel mit erheblichen Krisenphasen des Nichtwissens, wo man hingehört, deren Durcharbeitung genauso zum Erwachsenwerden gehört wie die der eigenen Xenophobie – sollen Kinder hormonelle und irreversible chirurgische Eingriffe in ihren Körper erwirken dürfen. Der Knüller aber ist das »Offenbarungsverbot«: Es »dürfen der frühere Geschlechtseintrag, die davor geführten Vornamen und ggf. der angepasste Nachname ohne Zustimmung der Antrag stellenden Person nicht offenbart oder ausgeforscht werden«, falls nicht ein dringliches öffentliches oder rechtliches Interesse dies erfordert. »Staatliche und nichtstaatliche Stellen haben Hinweise auf die früher geführten Vornamen, den früher geführten Nachnamen und die frühere Geschlechtszuordnung zu löschen.« Die

83 SelbstBestG Artikel 2, Absatz 1–3.

früher »erstellten amtlichen Dokumente, Zeugnisse aus früheren Ausbildungs- und Arbeitsverhältnissen und sonstigen relevanten Dokumente sind [...] mit ursprünglichem Ausstellungsdatum neu auszustellen.«[84] Und das zur Not alle Jahre wieder. Denn jede Person ist berechtigt, nach Ablauf eines Jahres eine neue Erklärung abzugeben.[85]

Zur Sicherstellung, dass aus Transsexualität kein Nachteil erwächst, soll der Übergang ins andere Geschlecht mit seinem Vollzug zugleich verleugnet werden, als hätte es ihn nie gegeben, als wäre die betreffende Person immer schon die gewesen, zu der sie sich jetzt deklariert hat. Die Geburtsurkunde und die Schul- und Ausbildungszeugnisse der Heidi Müller dürfen nicht existiert haben, seit sie beschlossen hat, Heinz Müller zu sein. Behörden sollen per Gesetz zur nachträglichen Urkundenfälschung angehalten, Zuwiderhandlungen mit bis zu 2.500 Euro geahndet werden.[86] Selbstredend nur in lauterster Absicht: einzig zum Schutz Transsexueller. Und doch in Verleugnung des Tatbestands, um dessen Schutz es gehen soll. »Transition« ist anders denn als Übergang von einem Vorher in ein Nachher nicht definierbar. Das Vorher von Transpersonen aber soll verschwinden. Im Namen hauchzarter Geschlechtersensibilität wird verlangt, was zum schärfsten Kaliber autoritärer Regime gehört: die Geschichtslöschung.[87] Es überrascht, dass Grüne so etwas vorhaben. Aber ist es nach der Löschung missliebiger Worte nicht bloß der nächste

84 SelbstBestG Artikel 3, § 4, Absatz 1, 3, 5.

85 SelbstBestG Artikel 2, Absatz 5.

86 SelbstBestG Artikel 3, § 7, Absatz 2.

87 Thomas Thiel, *Das Kind wird zur ideologischen Knetmasse*, Frankfurter Allgemeine Zeitung, 18.5.2021, S. 9.

folgerichtige Schritt? Selbst wenn der vorliegende Entwurf nicht unrevidiert Gesetzeskraft bekommen wird: Er dokumentiert die generelle Bereitschaft zur Leugnung der Naturgeschichtlichkeit des Menschen. Wer die bürokratische Löschung individueller Geschichte verfügt, zeigt sich disponiert, auch die Geschichte von Gruppen, Kulturen, Gesellschaften bei Bedarf unter staatlichen Verschluss zu nehmen. Geschichtsklitterung dient stets der Desorientierung über die Gegenwart. Mit der Geschichtslöschung aber beginnt die Gehirnwäsche.

Nach wie vor ist mir zwar antirassistische Identitätspolitik entschieden lieber als offen rassistische. Zur Verhinderung von letzterer nähme ich so manche politische Koalitionsverrenkung hin. Doch wie weit trägt dieser Gegensatz noch, wenn selbst die Grünen beginnen, den Zweck des Minderheitenschutzes mit den Mitteln des autoritären Staats zu heiligen? In dem Maße, wie link(sliberal)e Identitätspolitik zur »Identifizierung mit dem Angreifer«[88] übergeht, ebnet sie der rechtsextremen den Weg.

88 Anna Freud, *Das Ich und die Abwehrmechanismen*, 1936, Kindler, München 1964, S. 85.

Dank

an Werner Balzer und Oliver Decker für die gründliche Lektüre und hilfreiche Kommentierung des Manuskripts!

Der Autor

Christoph Türcke, Jahrgang 1948, ist emeritierter Professor für Philosophie an der Hochschule für Grafik und Buchkunst in Leipzig, Autor zahlreicher Bücher (u. a. *Philosophie des Traums* (2008) und *Mehr! Philosophie des Geldes* (2015)) und erster Preisträger des Sigmund-Freud-Kulturpreises (2009). Bei zu Klampen erschienen von ihm zuletzt *Luther – Steckbrief eines Überzeugungstäters* (2016), *Nietzsches Vernunftpassion. Aufsätze und Reden* (2017), *Blasphemie* (2017, E-Book only) und *Umsonst leiden* (2017).

Christoph Türcke bei zuKlampen!

»Verstören möchte der Autor Theisten wie Atheisten gleichermaßen.« *Neue Zürcher Zeitung*

Umsonst leiden
Der Schlüssel zu Hiob
Hardcover, 120 Seiten, 14,80 Euro
ISBN 978-3-86674-562-9

»Eine für jeden Laien lesenswerte, weil sehr spannend und verständlich geschriebene Einführung in die Textanalysen der Bibelkritiker.« *Gesine Palmer, Deutschlandfunk*

Nietzsches Vernunftpassion
Aufsätze und Reden
Paperback, 128 Seiten, 14,00 Euro
ISBN 978-3-86674-552-0

Auf Platz 10 der besten Sachbücher des Monats Juni 2017 (Süddeutsche Zeitung / Norddeutscher Rundfunk).

Luther – Steckbrief eines Überzeugungstäters
Hardcover, 118 Seiten, 9,50 Euro
ISBN 978-3-86674-543-8

»Türckes Luther-Buch ist glänzend geschrieben, ohne je plakativ zu sein.« *Vittorio Hösle*

Jesu Traum
Psychoanalyse des Neuen Testaments
Hardcover, 158 Seiten, 14,80 Euro
ISBN 978-3-86674-061-7

Türckes »Buch signalisiert vielleicht den Beginn einer kulturwissenschaftlichen Jesusforschung, jenseits der theologischen Fakultäten.« *Neue Züricher Zeitung*

Religionswende
Eine Dogmatik in Bruchstücken
Hardcover mit Schutzumschlag, 113 Seiten, 14,80 Euro
ISBN 978-3-924245-51-1

Zum ideologiekritischen Potenzial der Theologie
Konsequenzen einer materialistischen Paulus-Interpretation
3. Aufl., Paperback, 133 Seiten, 14,00 Euro
ISBN 978-3-924245-12-2

Kassensturz
Zur Lage der Theologie
3. Aufl., Paperback, 142 Seiten, 24,00 Euro
ISBN 978-3-86674-153-9

zuKlampen!